忙しすぎるリーダーの9割が知らない

A Journey to
Great Team Leadership

チームを動かすすごい仕組み

山本真司
立命館大学ビジネススクール教授

PHP

はじめに――日本のマネジャーはなぜ、こんなに忙しいのか？

「従業員エンゲージメント」という言葉があります。日本語に訳すと「従業員の会社への愛着心や、仕事を通して会社に貢献する熱意のこと」（ベイン・アンド・カンパニーによる定義）などとなるでしょうか。

私は大学院において経営戦略を教えているのですが、この十数年間の経営学の最大の発見の一つともいえるのが、このエンゲージメントという概念です。それ以前は「従業員満足（ＥＳ）」が重視されていたのですが、これは業績にはほとんど影響を与えません。むしろエンゲージメントこそが業績に大きな影響を与えるファクターであることがわかってきたのです[※1]。

しかし、この**エンゲージメントが、日本企業は著しく低い**というのです。

ギャラップ社が２０１７年に発表した調査によると、エンゲージメントが高い

（Engaged：積極的）という社員の割合は、日本ではたったの6％。アメリカ／カナダの約32％はもちろん、平均値である15％よりもずっと低い数字です。[※2]

イノベーションや効率性の指標において、すでに日本は世界の中位にまで落ちてしまっているのですが、「従業員の熱意」になると、もはや最下位クラスになってしまっているのです。

この結果に私は大きな衝撃を受けました。

私は大学院で教鞭を取るとともに、多くの企業でリーダーの入り口に立ったマネジャー教育にも携わっています。彼らは一生懸命にマネジャーとしての務めを果たそうとしているし、実際、誰よりも頑張って働いています。

本書を手に取っていただいた読者の方も同じではないでしょうか。チームメンバーよりもよほど長い時間働き、マネジャーとプレイヤーの仕事を果たそうとしている。しかも、昨今は「パワハラ」に敏感な時代だけに、メンバーとのコミュニケーションには細心の注意を払っている。

それでも、メンバーの情熱は著しく低いままで、若手はどんどん辞めていってしまう。

なぜ、マネジャーの努力は報われないのでしょうか。なぜ、日本企業の従業員のエンゲージメントは、これほどまでに低いのでしょうか。

◆会社の中に「全然バラバラな3世代」が同居している

その理由をひと言で言えば「時代の変化にマネジメントが追いついていない」ということになるでしょう。

その要因の一つが「世代間のギャップ」です。現在、マネジャーの多くはX世代（58〜43歳）に属しています。一方、現場で中心となって働くのは、その下のY世代（42〜28歳）およびZ世代（27歳以下）。**年齢差としては15歳ほどに過ぎないマネジャーと現場との世代間のギャップが、驚くほど広がっている**のです。

その理由の一つがデジタル化の進展です。デジタルは単なる便利なツールというだけではありません。たとえばコミュニケーションのあり方そのものを変えてしまうほどのインパクトがあります。

デジタルがあとから入ってきた「デジタル移民」のX世代に対し、Y世代はデジタル先駆者（パイオニア）であり、Z世代はいわばデジタルネイティブです。[※3]このデジタルに対するギャップが、そのままコミュニケーションギャップにつながってしまっているのです。

にもかかわらず、マネジャーが旧来型のコミュニケーションの常識にしばられていることで、多くの軋轢《あつれき》を生んでいるのです。

もう一つが「イノベーション」の要請です。モノを作れば作るだけ売れた高度成長時代と違い、いまはあらゆる分野で、イノベーティブな製品でなくては見向きもされなくなっています。しかし、企業のマネジメントの仕組みはまだ、大量生産・大量消費の時代のまま。そんな中で「イノベーションを起こせ」と言われても限界があります。

こうしたギャップにより、頑張れば頑張るほどチームはまとまらず、チームメンバーの気持ちは離れていくのです。

◇「仕組み」によって危機を脱出

いま、こうした悩みを抱えるマネジャーの気持ちが、私自身、痛いほどよくわかります。なぜなら、私もかつて、マネジャーとして同じ苦しみを抱えていたからです。

私は日本企業に入社後、留学してＭＢＡを取得。その後、外資系コンサルティング会社に転職し、そこで初めてマネジメントという仕事に直面しました。そして、いきなり壁にぶつかりました。

チームメンバーは思ったように動いてくれず、自分の残業時間ばかりがひたすら増えていく。メンバーの気持ちもバラバラで、**会社からは「史上最凶のマネジャー」とすら呼ばれました。**

そんな私がその後、なんとか立て直し、コンサルティング会社の地域代表を務めることができた理由は、一つは組織というものに対する発想を根本的に変えたことです。自分がすべて命令をして動かす「ピラミッド型」の組織から、メンバーが自発的に動き、活発に意見を交わし、そして成長していくという「フラット型」の組織に変えていったのです。

そしてもう一つの理由は、**組織を動かすための「仕組み」を徹底的に追求したこと**です。誰でも使える再現可能な「仕組み」を作ったことで、自分だけが頑張らなくても、無理なくチームを動かすことができるようになったのです。

◆「頑張らなくても成果が出る仕組み」をお伝えしたい

こうした私の経験は20年以上も前の話なのですが、企業研修などでマネジャーたちにこの話をすると、大いに共感を呼び、私のほうが驚くことになりました。

それはなぜかと考えてみると、当時の私の直面していた環境が、いま、日本が直面している環境と大いに類似しているからだということに気づいたのです。

コンサルタントという私の仕事は、ある製品を大量に作り出すことではなく、クライアントの会社ごとにオリジナルなソリューションを作り出すというものでした。つまり、常にイノベーションを求められていたのです。

また、いろいろな背景を持つ腕に覚えのある人が集う場であり、世代間どころか国籍間のギャップも激しいものがありました。

そのような中で、マネジメントの部品である技術についても身につけてきました。最近、日本企業でも流行のダイバーシティ経営、ワンオンワン、心理的安全性、360度評価、アップワード・フィードバック、メンター制度などは、当時から当たり前のように教えられ、実行されていました。

しかしより効果的だったのは、それらも組み合わせて作り上げた「仕組み」のほうでした。私がそうした経験を経て作り上げてきた仕組みだからこそ、いまの時代にマッチするのではないか。そう考えて、その仕組みを大学院での講義や企業研修においてさらに磨き上げてきました。

本書で紹介するのは、そんな**「頑張らなくても成果が出る仕組み」**です。

本書が「忙しすぎるリーダー」の皆さんのお役に立つことを願っています。

2023年2月

山本真司

※1　出所：「現場と対話重ね問題改善――企業成長に導く『従業員エンゲージメント』」（大越一樹、ベイン・アンド・カンパニーＨＰ、2015/5/20）

※2　出所：「State of the Global Workplace - Gallup Report」（２０１７）。

※3　出所：「Z世代とは？　定義と特徴、X世代Y世代との違い」（ＴＯＹＯ、HR BLOG、2022/12/9）など

チームを動かす　すごい仕組み◆目次

第1章　「自分だけが頑張る」のワナ
――仕組みがないから、チームも自分も疲弊する

第2章 あなたが頑張るほどチームメンバーが離れていく理由
——時代は「フラットな組織」へ

Ⅱ 「組織の常識」は大きく変わった——だから、あなたのマネジメントは失敗する …… 46

そもそも「フラット型組織」とは？／「トップダウン」だから、いつまでも仕事が終わらない／X世代とY世代、Z世代の「埋めがたい差」／「会社のため」という理屈は通用しない／「ワークライフバランス」という言葉が陳腐化している／「デジタル移民」と「デジタルネイティブ」／情報はもはや、上から降ってくるものではない／日本だけがイノベーションの流れに乗り遅れた？／これからの組織は「ジャズ型」であるべき／上司が部下のアイデアを評価する愚／アリババの「変身」／グローバリゼーションの要請——文化レベルでの問題とは？／「フラットな組織」がすべてを解決する／「助け合う」組織を作ろう／「ノルマ」が相次いで廃止されている必然的な理由

第3章

時間をかけずに結果を出す「チームを引っ張る9つの仕組み」

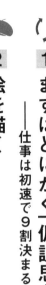

第4章 頑張らずに組織が回る「メンバーが自ら動き出す17の仕組み」

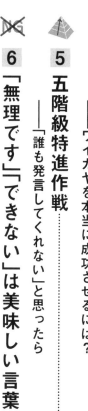

第5章

ぶれないマインドを生み出す「8つの行動原則」

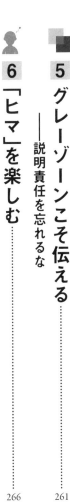

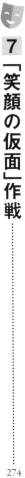

第1章

「自分だけが頑張る」のワナ

——仕組みがないから、チームも自分も疲弊する

I

私のマネジャー遍歴
——なぜ「仕組み」と出会うことができたのか

◆苦しかった留学時代

さて、具体的な「仕組み」を紹介する前に、私の「マネジャー遍歴」をお話しさせていただきます。

私は銀行員としてキャリアをスタートし、アメリカでＭＢＡを取得。そのあとは20年間、外資系コンサルティング業界を歩み、ある会社の極東アジア・アジア太平洋、日本の代表を務めたあとに独立。その後、立命館大学大学院の教授に就任し、現在に至ります。

一見、華麗なキャリアだと思われるかもしれません。しかし、私は根っからのエリートというわけではありません。

横浜の公立小学校、中学校、高校を卒業し、1年浪人して私立大学に入学。都市銀行に入行した1980年代の前半は、就職の門戸も広く、普通に大学生活を過ごした私でも志望先に就職できました。ここまでは、ごく普通の人生を送っていました。

人生の一大転機は留学。大学時代から海外留学に憧れていました。

さほど裕福でもない普通のサラリーマンの家庭に育った私には、企業派遣留学しか道がありませんでした。社内選抜をなんとかクリアし、念願であったアメリカの経営大学院（ビジネススクール）に留学。しかし、そこはこれまで出会ったことのないほど優秀な人々が寄り集まる場所でした。

このままでは生き残れないと、寝る間も惜しんで必死に勉強しました。「なぜ私だけ、20代半ばにもなって、こんなに勉強しなくちゃいけないのか？」――何度、そう自問したことでしょう。

さらに、突然前触れもなくやってくる動悸、立ちくらみ、息苦しさ……そういったものに悩まされ続けました。いま思えば、軽い自律神経失調症だったのだと思います。

それでも必死に努力をした結果、卒業時には同学年の約７００人のうち上位の50名しか入れない全米成績優秀者協会への入会を果たし、さらに、もっと難しいMBA with honors（栄誉ＭＢＡ）という称号も手にすることができました。

◇「挑戦」を求めて外資系コンサルティング業界へ

帰国後、私は銀行における花形の仕事を任されました。不満はなかったのですが、留学時代のあの生活を忘れられませんでした。このまま、順調に流されて生きていって良いのか？　もっと辛い挑戦の場に自分の身を置くべきではなかろうか？

そして、まったく違う業界で勝負して学ぼうと思い、外資系経営コンサルティング業界の門を叩いたのです。

しかし、自信はすぐに打ち砕かれました。

周りにいる上司、同僚、後輩、すべてトップエリートで超優秀。ビジネススクールでの成績が良かったから入れてもらえたようなもので、頭の良さや、ビジネスの実力ではとても太刀打ちできなそうに感じました。

しかし、ビジネススクールで学んだ能力——開き直ってできない自分を認め（受容力）、あとはひたすら勉強し（極端力）、留学時代に身につけた学習のコツ（学習力）——を活かし、がむしゃらに頑張りました。

その結果、入社1年目から高い評価を得ることができたのです（この頃に身につけたケイパビリティ〈能力〉については、拙著『20代 仕事筋の鍛え方』〈ダイヤモンド社〉で詳しく述べていますので、ご興味のある方はぜひお読みください）。

◆史上最強の兵士だが、史上最凶の指揮官

入社1年で、ある相性の良い仕事に恵まれ、最高の結果が出せました。その時に、繰り上げて私をマネジャー見習いにしようという話が降って湧いてきました。繰り上げ昇進は現実にはならなかったのですが、「最速出世」の可能性に自信を深め、同時に、慢心するようにもなってきました。

そうこうするうちに、大きな仕事を任され、アナリストのチームメンバーを持つよう

になりました。大きな仕事になってくると、メンバーのアナリストをうまく使いこなして、チームとして共同作業をして進んでいかなければなりません。

ですが、**私はどうも、うまくメンバーを使えなかったのです。**

最終成果物は良いものになるのですが、その成果物を出すまでの毎日は、地獄の連続。私も疲弊する。メンバーも疲弊する。私の上司も疲弊するという状態。

私を入社以来よく知る上司が、こう言いました。

「山本は、一人で働かせると史上最強の兵士。しかし、誰かと働かせると史上最凶の指揮官」

実際、その通りでした。

結果、史上最速の昇進どころか、同期に1年遅れてマネジャーに昇進することになりました。

◆「ウルトラ放し飼い」で自分の首を絞めることに

しかし、その後も私はまったく変わりませんでした。

この頃の私のマネジメントスタイルは、**「ウルトラ放し飼い」**。仕事の期限と、それに至る途中工程の社内・顧客ミーティング、プレゼンテーションのスケジュールを決めて、仕事をチームメンバーに分割して任せて、あとは、社内ミーティングで彼らの成果物を見て、論評するだけ。それで良いと思っていたのです。

まだ駆け出しのメンバーには指導をしますが、これも指導というより、ちょっとヒントを与えているふりをしたり、自分の好奇心の赴くままに、「これをしてくれ」と指示をしたり、何も考えていない時は「とりあえず調べておいて」というような、極めて曖昧な指示しかしませんでした。

また、当時の私のメンバーの使い方は、彼らを人間計算機とでも見なしているかのようなものでした。だから、メンバーに対しても自己中心的に、勝手気ままに指示をする。彼らからは、「思いつきで指示しないでください。ちゃんと考えてください」と言われるのですが、一向に直りませんでした。

当時の私は、自分の力だけで進んでいく究極の自己中心主義者だったのだと思います。ビジネススクールでもコンサルティング会社でも、「俺が、俺が」の努力でいかに自分が成長できるかだけを考えてきました。その結果として、なんとかそれなりの成功を収めることができましたが、マネジャーとしてはそれが悪い方向に働いてしまったのです。私の潜在意識には、**「チームメンバーは、自分の力で勝手に立ち上がれば良い」という思い込みがあった**のです。

当時、初めて名実ともにマネジャーになって感じたのは、「マネジャーは気楽な稼業だ」という気持ちでした。ウルトラ自己中心の孤高のプロを自認する私は、私のメンバーも全員、孤高のプロとして勝手に努力するべきであると信じていました。だから、放っておけば、メンバーが働いてくれると思っていたのです。

当然のことながら、それでうまくいくわけがありません。仕事の状況はどんどん悪化していきました。私もプロとして、仕事の品質だけは絶対に守りたい。となると、マズいと思った仕事には、どんどん自分がコミットするしかありません。

結果、気楽な稼業のはずが、地獄の日々に暗転してしまったのです。

◇頑張っても頑張ってもメンバーが離れていく絶望

それでも、最後の突っ張りで頑張るので、最終的には顧客からの評価が高い仕事にはなりました。それで、本来は反省すべき事項を忘れてしまう。そして、同じような「ウルトラ放し飼い」のノーマネジメントで良いのだと、また、思ってしまう。

そんなことを2年くらい続けていたように思います。

ただ、この頃にはそろそろ、私の身体がもたなくなってきました。

おまけに、身体だけでなく、外野の空気も気になってきました。私のマネジメントが最悪のノーマネジメントであるという噂は、社内では全員が知っていたのです。

特に悲しかったのは、チームメンバーが私になびいてこないこと。私の上司の顔色ばかりうかがっている。私のほうには、時として一瞥《いちべつ》もしない。見向きもしない。私の話は、聞いているふりをする。

私は私で自分のプライドを守るために、優位者の立場を誇示しようとする。「覚えているよ！」という嫌悪や敵対の気持ちすら生まれていました。そんなギスギスした関係は、何も生み出しません。結局、**駄目マネジャーの最右翼のレッテルが貼られてしまった**のです。

史上最強の兵士から史上最凶のマネジャーとなった私は、ただただ悲しかった。会社に行くのが辛かった。

「命をかけて仕事に取り組み、プロとして顧客の評価を勝ち取るために邁進し、それなりに成果は出していると思う。にもかかわらず、組織の中では、駄目マネジャーの烙印《らくいん》を押される。余りにアンフェアではないか？」

この頃、私の心の声は、いつもそんな主張をしていました。しかし、こんな主張を誰も聞いてくれるわけがありません。悶々《もんもん》とした気持ちを抱えながらも、手を休めるわけにはいきません。苦しかった。本当に苦しかった。

◆自己中心主義からの、ほんの少しだけの脱却

ただ、この時期、少しずつ、少しずつ、自分の気持ちの奥底で、何かが変わるのも感じていました。「他者」が自分の視界に少しずつ入ってきたのです。私の場合は、それは顧客からでした。

自己中心主義の私にも、私を仲間と呼んでくれる人が現れたのです。それは、かつての顧客であったり、その時の顧客であったりしました。こんな自己中心主義の私を仲間

として迎え入れてくれる人たちがいるという現実に身震いし、そしてだんだん、そういう顧客が好きになってきました。顧客が仲間に思えてきました。

この頃になってやっと、自己中心主義から、徐々に顧客中心主義に心が動いてきたのです。「顧客を幸せにするのが、私の仕事だ。私の生き甲斐だ」……そんな気持ちが頭をもたげてきました。この利己から利他への心のシフトは私の人生経験において、もっともエポックメイキングな出来事でした。

しかし、チームメンバーに対するスタンスもマネジメントスタイルも、しばらくは変わりませんでした。むしろ、さらにひどくなりました。顧客にのめり込んだ結果として、メンバーに使える時間がどんどんなくなる。しかも、相変わらずの「ウルトラ放し飼い」状態だから、結局、最後のギリギリになって、メンバーの仕事に介入し、取り上げる。彼らの立場からしたら、たまらないだろうと思います。

その後15年以上経ってから、この時期のチームメンバーたちと会った際、「山本さんとは、二度と仕事したくない」「私のワーストスリーに入るプロジェクトは、すべて山本さんとの仕事だ」と笑いながら言われました。いまでも申し訳ない気持ちでいっぱいです。

◇究極の一人プロジェクト――すべて自分でやろうとした結果

そしてある時、ガラッとマネジメントスタイルを変えました。「ウルトラ放し飼い」に代えて、最初から、手取り足取り指導するというマネジメントスタイルにしたのです。

「チームメンバーの駄目なところは、私がマネジャーとしてカバーしてやる」という気持ちで、すべて自分で設計し、細かく指示を出し、自分でも手足を動かし、頻繁にミーティングを行い、一緒に仕事をするスタイルに変えました。全部に自分がフルに関わる「一人プロジェクト」の気概で仕事に臨みました。

このやり方はメンバーには好評でした。「あの山本さんにしては、すごく良い」という声も聞こえてきました。

その時期に、私は他の外資系コンサルティング会社に転職しました。最初のコンサルティング会社での「最凶マネジャー」としての悪評から逃げたいという気持ちもありました。

次の会社では、失敗できない。そこで、前の職場で評判の高かったこの**「究極の一人プロジェクト」**方式を踏襲したのです。

このやり方は単純です。すべての仮説を早め早めに自分で作り、ワークプランに落とし込んで、綿密にメンバーの作業分担を決める。そして、仮説作り、情報収集、分析、報告書の作り方まで懇切丁寧に指導する。

Ｐｌａｎ‐Ｄｏ‐Ｓｅｅは綿密に行い、必要な指示、対策も与えていく。メンバーの仕事の進み具合が悪ければ、どんどん先手を打って手伝う。メンバーと一緒に、私も現場に出る。まさに手取り足取りで、大事な取材、情報集め、顧客の説得まで、必ず私が主導するようにしました。

この頃は急にメンバーに関心が向いて、月曜日の朝、隔週で勉強会を開催したり、彼らに仮説の作り方を個別に指導したりと、人材育成にも熱心に取り組みました。その結果、新しい職場では、私と働きたいという若手も増えてきました。

嬉しかった。過去の辛いトラウマが癒された気分でした。

◇チームメンバーは喜べど、育たず

一見、すべてがうまく回り始めたように思えました。しかし、何かが違う。

問題は二つありました。まずは、とにかく忙しいこと。自分ですべて対処するにも限界があるのです。

ある大型のプロジェクトを回している時に、いままでごまかしてきたキャパの問題に直面せざるを得なくなりました。自分で直接見るべきメンバーの数がやたらと多い。朝から晩まで、彼らの仕事を一つひとつ見ても終わらない。顧客との重要なミーティングに出たくても時間がない。

さらに、「さぁA君との打ち合わせが終わった」と思ったら、Bさんが哀願するような目つきで私を待っている。その後ろには、C君、D君、Eさんが……。

また、打ち合わせをすることで、私がいなくてもメンバーが自力で仕事を進めてくれれば問題はないのですが、これができない。常に私が必要とされるし、顧客もメンバーも「あなたが必要です」という目つきで私を見ている。

そう、二つ目の問題は、この「究極の一人プロジェクト」では人が育たなかったこと。これは大きな問題でした。

◇「自分が頑張ればいい」の限界にぶち当たる

考えてみれば当たり前の話です。チームメンバーに考えさせないやり方で仕事をしていたのだから、彼らが成長するわけもないし、成長しようという意欲も奪われる。また、私も時間がないので、新しいことを勉強したり顧客候補を開拓したりするといった、将来を作る活動にまったく時間が使えません。メンバーだけではなく、リーダーである私自身が伸び悩みました。

顧客もメンバーも私も仲良く、楽しく仕事をしているように見えて、その実は、私もメンバーも将来に向けた自己成長への投資活動が何もできていませんでした。次々に脱落していく成長しないメンバーを見て、胸が締めつけられるような思いもしました。

ここに至って初めて、**結局、自分が頑張るだけでは仕事は回らないという、当たり前のことを痛感した**のです。

何より、メンバーと一緒に「1足す1は3」になるような仕事ができない。できるメンバーとなら、1足す1は2になる。普通のメンバーでは、1足す1は1・5が良いところ。その1・5のうちの1は、結局自分の1。メンバーは、潜在能力の半分しか使えない。これでは、私もメンバーも両方とも不幸なだけ。

30歳で転職し、30代の後半まで青息吐息の思いもしながら、なんとか、外資系コンサルティング会社の役員(パートナー)にまではなったものの、結局、私は自分のガンバリズムでしか勝負できない人間になってしまっていたのです。

◇一筋の光明——徹底的に観察してみたら

メンバーに自発的に動いてもらい、自発的に成長してもらう組織にするしかない。私はそう決意しました。

しかし、これは、言うは易《やす》く、行うは難《かた》しの典型でした。

この時代、少しずつ手を替え品を替え、いろいろなやり方でメンバーのマネジメントをしながら、彼らの反応、行動を観察し始めました。つまり、「こういうことを、こう言うと、こういう反応、行動になる」という観察事実を増やしていったのです。私のメンバーとの接し方と、彼らの反応、そのあとのパフォーマンスを、ただひたすら観察しました。

そんなことをこまめに繰り返しているうちに、一筋の光明が見えてきました。**「なるほど、こうすればメンバーは動くな」――そんな感覚を抱けるようになってきた**のです。

細かい技を組み合わせて、メンバーと一緒に働くための自分なりのモジュール部品みたいなものがいくつもできてきました。

たとえば、自分なりの「答え」を持っていても、メンバーとのミーティングでは、「知らんぷり」して、彼らに問いかける（「わからないふりミーティング」として、P160で紹介しています）。自分の答えがあるから、自然に誘導もできる。メンバーは自分の仕事として前向きに考えてくれる。「あぁ、仕事にはオーナーシップが大事だな」と思ったりしました。

◆「仕組み」の発見

「これらの部品を組み合わせれば、仕組みが作れるな」——そう考え始めるのに、あまり時間はかかりませんでした。ひらめきに近い、発見でした。

自分なりに、同じような仕事の仕方を繰り返し再現できるような「型」を作る。それは、多くの大技、小技の集合体が、組み合わさったもの。からくり人形の「仕組み」をイメージしていました。

「仕組み」ということは、**部品を組み合わせて動かしていくことで、その場その場でいちいち考えなくても、ストレスなく、自然に、自動的に仕事が回る**ということです。

かつ、その「仕組み」が目指すのは、①マネジャー一人がテンパって頑張る仕事術ではなく、マネジャーが一方的に指示するだけでもなく、全チームメンバーが頑張る仕事の仕方であり、②メンバーもマネジャーも仕事を通じ成長する、③そして、絶対に最良の品質の仕事をするという旗だけは降ろさない、ということでした。

この「仕組みの発見」により、私のチームは極めてスムーズに回るようになり、よりクリエイティブなアウトプットを生み出すことができるようになりました。そして、業績もそれに比して向上していったのです。

それだけではありません。メンバー一人ひとりがどんどん自発的に成長し、私自身も時間が生まれたことで、新たな成長のために時間を使うことができるようになったのです。

気がついたら「史上最凶のマネジャー」と呼ばれていた私が、コンサルティング会社の地域トップに就任していました。

◆当時の私といまの日本のマネジャーが重なる

私は2009年に独立しました。その後、立命館大学大学院（ビジネススクール）の客員教授に、2022年には専任教授として、コンサルティングだけでなく新たに教育と研究の世界に飛び込むこととなりました。

そうして、ビジネススクールで経営に関する教育と研究を続けていくうちに、あることに気がつきました。

私が苦労して自分のマネジメントを変えていった経緯と、いま、日本が時代の変化に合わせてそのマネジメントを変えていこうとしている経緯が、非常に似ていることに。

詳しくは第2章で述べますが、いまの日本で求められているのは、「ピラミッド型組織」から「フラット型組織」への転換です。

いままでのように**トップが命令し、部下はそれに従うだけという組織では、業績も上がらなければ部下も育たない。**それどころか、見切りをつけた部下は早々に会社を去っていってしまうのです。

私もまた、完全なる放し飼いの時代を経て、すべてを自分が指示するという「ピラミッド型」のマネジメントをしていたのですが、それがまったくうまくいかなかったのは前述の通りです。

そして、自分自身も常に仕事に追いまくられ、チームメンバーも成長しないという負のスパイラルに陥ってしまったのですが、これは、いまも多くのマネジャーが体験していることそのものではないでしょうか。

私がいち早くこの状況を体験することになったのは、私のいたコンサルティングという業界が、当時としては例外的に多様性が高く、イノベーションが求められる業界だったことが理由かもしれません。

いまは時代が変化し、あらゆる企業が多様性を重視し、イノベーションを求められるようになっています。だからこそ、当時私が苦しんだような状況に、いま、多くのマネジャーが陥っているのではないでしょうか。

◆役員より若手の意見を採用するコンサルティング会社

私のいた世界では、もともと、組織はかなりフラットでした。

いまでもよく覚えているエピソードがあります。私が外資系コンサルティング会社に転職した初日のことです。

役員（パートナー）、マネジャーに交じって、新入社員の私もある課題についての議論に加わることになったのですが、正直、何が正しいかなど、転職したばかりの私にわかるわけもありません。

そこで、意見を求められた際に、その直前に発言した役員の意見を取り上げ「役員のおっしゃる通りだと思います」と発言しました。

しかし、その後、議論はどんどん展開していき、最終的にはある若いコンサルタントが主張した案に収束していきました。結局、私だけが当初案にこだわっている形になってしまったため、正直に「答えがわからなかったので、役員の案だから正しいと思って賛成しました」と答えました。

その時、こう言われたのです。

「偉い人の意見に従うというのは、まさにピラミッド型組織のやり方であり、日本の大企業のカルチャーだ。我々はクリエイティブなソリューションを出すのが仕事であり、そのためにはそうしたカルチャーではいけない。この部屋に入った瞬間、全員が対等に自分の意見をぶつけ合うべきだ」

日本の大企業で育ってきた私には、大きな衝撃でした。

しかし、こうした姿勢もまた、いま、多くの日本企業に求められていることです。私はそれをかなり早い段階で体験することができたのです。

このように考えれば考えるほど、私が実体験から身につけた「仕組み」は、いまの悩めるマネジャーにこそ役立つという思いを強くしていきました。それが、本書を書いた動機です。

では、いよいよ具体的な「仕組み」の話に入りたいと思いますが、その前に、より大きな時代背景の話をしておきたいと思います。というのも、「なぜ、その仕組みを使う必要があるのか」を理解していないと、その効果は半減してしまうからです。

第2章

あなたが頑張るほどチームメンバーが離れていく理由

——時代は「フラットな組織」へ

Ⅱ

「組織の常識」は大きく変わった
――だから、あなたのマネジメントは失敗する

◆ そもそも「フラット型組織」とは？

本書の冒頭にて、日本企業の従業員のエンゲージメントが極めて低いというお話をいたしました。

そして、その理由として「時代の変化にマネジメントが追いついていない」ことを指摘し、ピラミッド型組織からフラット型組織への転換が必要であると述べてきました。

第1章で語ったことは、いわば、私の経験した「ピラミッド型のマネジメントからフ

ラット型のマネジメント」への転換でした。私自身がそれを意識していたわけではないのですが、結果的に、時代の変化を先取りしたマネジメントの変革をしていたことになります。

では、そもそもなぜピラミッド型組織からフラット型組織への転換が必要なのでしょうか。この章ではそのことについて、より詳しくお話ししていきたいと思います。

最初に、これまでの「ピラミッド型組織」と、これからの「フラット型組織」とはどう違うのか、キーワードを挙げていきましょう。

ピラミッド型組織では、上司が部下に命令し、部下はその指示通りに働く。
フラット型組織では、リーダーはチームメンバーの自発性に任せ、そのサポートをする。

ピラミッド型組織では、上司の発言権が一番強く、部下はそれに従う必要がある。
フラット型組織では、立場に関係なく誰もが言いたいことを言う。

ピラミッド型組織では、社員に会社への貢献を求める。

フラットト型組織では、チームメンバーに自分自身の成長や顧客・社会への貢献を求める。

ピラミッド型組織では、組織内で部下同士を競争させる。

フラット型組織では、チーム内で助け合いをする。

ピラミッド型組織では、トップが情報を独占する。

フラット型組織では、チームであらゆる情報を共有する。

◆「トップダウン」だから、いつまでも仕事が終わらない

これを見て、「そんな甘いことで成果が出せるのか」と思う人もいるでしょう。特に、上司の言うことには口答えしない、言われた通りにやればいい、という世界で育っ

てきた人は、そう考えると思います。かくいう私もそうでした。

しかし、いまの時代を考えると、「そうしなければ成果が出ない」のです。

フラット型組織でないと、チームメンバーは会社に対してエンゲージメントを持つことができません。社員のエンゲージメントが高い企業の業績が良いということは、数字が証明しています。[※1] そもそも、エンゲージメントが低い会社の社員はさっさと転職してしまうため、組織自体が成り立たなくなります。

さらにいえば、現代のような変化の激しい時代に、**上司が「トップダウン」をやろうとすると、仕事は際限なく膨らんでいきます。**そう、私がかつて陥ったように、「いくら仕事をしても終わらない」という状況になってしまうのです。おそらく、多くのプレイングマネジャーの方がこのような状況に陥ってしまっているのではないでしょうか。

そうではなく、リーダーとメンバーが一緒になって、どう結果を出すか、メンバーをどうやって成長させていくかを考える。それがあなたの仕事を減らし、かつ、メンバーを成長させ、業績を向上させることになるのです。

なぜ、このような変化が起きたのでしょうか。その理由は三つあります。「新世代の登場」「イノベーション」「グローバリゼーション」です。以下、一つひとつ説明していきましょう。

◆X世代とY世代、Z世代の「埋めがたい差」

いま、企業で現役で働く人は、大きく三つの世代に分類できます。58歳から43歳くらいまでを指す「X世代」と、42歳から28歳くらいまでの「ミレニアルズ」とも呼ばれる「Y世代」。そして、27歳以下の「Z世代」の三つです。どんな時代でもいわゆる「ジェネレーションギャップ」は存在していたはずです。しかし現在、これら世代のギャップはかつてないほど大きく、**この三つの世代が同じ組織で働いていることが、組織に大きな齟齬《そご》を生み出してしまっている**のです。

X世代はバブルをギリギリ知っている世代です。日本の一人当たりGDPを世界主要国と比較すると（市場為替レートで評価）、最大になったのは1995年から2000年にかけてのこと。[※2]その当時は就職氷河期で、その後もリーマンショックなどの厳しい時代が続きましたが、その上の世代が日本の高度成長時代を経験してきたこともあり、X世代は高度成長時代のマネジメントスタイルで育てられてきた世代でもあります。

一方、Y世代やZ世代はバブルを体験したことがなく、日本経済がずっと衰退し、社会が不安定になっていく時代しか知りません。彼らが体験してきたのは阪神・淡路大震災、9・11、リーマンショック、東日本大震災、そしてコロナ禍にウクライナ戦争です。価値観が違ってくるのも当然と言えるでしょう。

◇「会社のため」という理屈は通用しない

高度成長時代のマネジメントの下で育てられたX世代の価値観の根本には、「社員は会社のために滅私奉公して働くべき」という考え方があります。いわば「24時間戦えますか[※3]」の世界です。

確かに当時は、会社のために頑張って働いて会社が発展すれば、給料も上がるし年功序列で出世もできる。さらに、終身雇用により生活は守られる。社会保障制度も安心して頼れる。つまり、会社のために滅私奉公して働くことには合理性があったのです。

ただ、この価値観はそれに続くY世代、Z世代にはまったくといっていいほど存在しません。それも当然で、彼らは日本経済の絶頂期を知らず、企業が相次いでリストラを行い、大企業がもろくも破綻していく姿ばかりを目にしてきたのです。つまり**彼らは「会社」を信じていない**のです。

だからこそ、「会社のために働け」と言われてもピンとこないし、転職も当たり前。転職サービスが流行るのもそれが理由です。

◆「ワークライフバランス」という言葉が陳腐化している

では、Y世代、Z世代の関心は会社の代わりにどこに向いているのか。それは「個人」と「社会」です。

彼らは、ウェルビーイング、つまり幸福な状態、自分が身体的にも精神的も健全な状態を目指すことが重要だと考えています。仕事のために自分の生活が阻害されるのはあり得ないし、辛い思いをしてまで仕事を続けるくらいなら、会社を辞めたほうがいいと考える。

図1　Y世代、Z世代の意識（働く目標）
…社会問題、なかでも環境問題に悲観的

● **Y、Z世代の社会課題に対する意識**
次の事項を懸念している日本のミレニアル（Y）世代とZ世代の割合
（2019年末時点調査）

	Y世代	Z世代
・高齢化／高齢者の介護	31%	26%
・経済格差	27%	18%
・気候変動／環境保護	20%	21%

● **Y、Z世代の環境問題に対する意識**

	Y世代	Z世代
・環境に関して、取返しが付かない状況であり、損害を修復するには手遅れであるということに強く同意する／やや同意する（2019 年末時点調査）	44%	45%

出典：「2020年 デロイト ミレニアル年次調査」（デロイトトーマツ）

会社も、国も自分の将来の人生を守ってくれないかもしれない。だったら、自分で自分と家族を守らなければいけないと考えるのは自然です。そんな彼らに、「会社のために頑張れ」と尻を叩いたところで動くわけがありません。会社、国への依存心を持ち得ない、自立を余儀なくされた世代です。

彼らにとって、ワークライフバランスという言葉は当たり前すぎて、もはや死語。そもそもこの言葉は、仕事にばかり時間を費やしてきたX世代向けの言葉なのです。

そしてもう一つが「社会」への関心です。図に挙げたのは、デロイトトーマツによるY世代とZ世代への調査結果で、これを見るとどちらの世代も社会問題への関心を極めて強く持っていることがわかります。中でも関心が高いのは高齢化／高齢者の介護、気候変動／環境保護、経済格差といった分野です。

社会問題への関心は、若い世代のほうが一般的に強いものです。彼らのほうが長く、この世界で生きていくわけですから、世界の社会が良い方向に向かっていると思えない現代では、当然の話です。同調査での「環境に関して、取返しが付かない状況であり、損害を修復するには手遅れであるということに強く同意する／やや同意する」という問いに対しては、Y世代、Z世代とも約45％の人が同意すると答えています。※4

私も若い世代から、「いま手を打たなければ我々は将来生きていけないんです」と言われることがあります。X世代には「環境など関係ない。自社が儲かればいいんだ」という高度経済成長期のスタイルがいまだに残っているかもしれませんが、そのような姿勢はY世代にもZ世代にも受け入れられません。このギャップは若い人から、私ぐらいの年齢層までがともに学ぶ大学院でもよく経験することです。

◇「デジタル移民」と「デジタルネイティブ」

こうした育ってきた時代の違いとともに大きな世代間ギャップを生み出しているのが、デジタル化の進展です。

デジタル化におけるターニングポイントになったのは、2001年から2003年にかけて、デジタル技術でゲノム解析が達成されたことにあると私は考えています。X世代もデジタル化の波は大きく受けていますが、その働き方の根本にはアナログがあります。いまではメールやSNSを使いこなしている人でも、いわばあとからそれを受け入れた**「デジタル移民」**なのです。

一方で、Z世代はいわゆる**「デジタルネイティブ」**です。Z世代は「デジタルがあるのが当たり前」の世界を生きてきたのです。その中間に位置するY世代も、X世代よりはるかにデジタルが浸透しています。

そして、社会に出た時に「デジタルが当たり前」だった人たちにとって、「フラットな組織」は当たり前なのです。

デジタル化の進展がなぜ、組織のフラット化を促すのか。その大きな理由は「情報コスト」にあると考えられます。

かつての「アナログ時代」には、情報を手に入れるためのコストは非常に高いものでした。ある情報を手に入れるために高価な資料集を買わなければならなかったり、直接現地に出向いて話を聞かなくてはなりませんでした。そしてそれらを編集し、出版物やテレビ番組に仕上げて情報を流通させるのには、大きなコストがかかっていました。

また、アナログ時代には、高コストで生成される情報は地位の高い人のところに集まる傾向がありました。私も組織のトップをやっていたからわかるのですが、経営者になると、入ってくる情報が質量ともに違ってきます。経営者同士の情報交換もあるし、さまざまな売り込みもある。だから、トップは情報を独占し、その情報で人を従わせることができたのです。

◇情報はもはや、上から降ってくるものではない

しかし、デジタル化の進展はその流れをガラッと変えてしまいました。最初のうちは

新聞や雑誌が気軽に読める便利なツールというくらいでしたが、ターニングポイントとなったのはＳＮＳの登場です。これにより、重要な情報が誰でも気軽に、低い情報コストで手に入るようになっただけでなく、同じ関心を持った人や専門的な知識を持った人と簡単につながること（コネクト）ができるようになったのです。

また、情報を単に受け取るだけでなく、誰もが発信をするようになりました。そして、それに対して他の人が意見を言うことにより、そこから新たな関係やアイデアが生まれ、それが仕事に発展することもある。私もフェイスブックを積極的にやっていますが、そうした体験を何度もしてきました。フラットなチームが自然発生的に生まれるのです。

このような経験を積んできた世代にとって、**情報は上から与えられるものではなく、横のつながりから生まれてくるもの**なのです。そこには上に対する忖度《そんたく》も何もなく、極めてオープンでフラット、そして双方向的な場があるのです。会社組織にもそれと同じものを求めるのは極めて自然です。

一足先に、大企業でデジタルを活用した組織のフラット化において成果を出していたのが、米国企業でした。ＩＢＭ、シスコ、ＧＥなどの大企業が、経営トップも巻き込ん

だフラット組織に移行したのが、2010年代の前半でした。※5

◇日本だけがイノベーションの流れに乗り遅れた？

誤解のないようにつけ加えておくと、ピラミッド型組織が全面的に悪いというわけではありません。かつての大量生産、大量消費の時代においては、いかに多くの製品を安く作るかが重要であり、そこで求められるのは、定型の業務やオペレーションをいかに正確にこなしていくかでした。

その時代には、ピラミッド型組織によって上位者が指示、命令、統制を行い、ルールやマニュアル通りにものごとを進めていくという形が最も適していたのです。つまり、かつての日本がピラミッド型組織だったことには合理性があったのです。

しかし、こうした時代は1990年前後を境に終わりを告げることになります。1989年にベルリンの壁が崩壊し、1991年にソ連が崩壊。東西の壁が崩壊しました。このことが、日本経済に大きな影響を与えました。

日本製品が世界を席巻《せっけん》することができた理由の一つは、日本がいわゆる「西側世界」

の中で、アメリカに次ぐ人口を持つ大国だったことが挙げられます。だから、豊富な人的資源と技術力を生かし、規模の優位性で安価な製品を大量に作ることができたのです。

しかし、東西の壁が壊れたことで、西側と東側の世界が一つになりました。そして、圧倒的な人口を持つ中国が市場経済に参入。日本の規模の優位性はなくなってしまったのです。

そこにデジタル化の波が追い打ちをかけました。情報コストの低下です。いままでは熟練した職人にしか描けなかった図面がデジタルで共有され解析されることで、誰もがその恩恵にあずかれるようになったのです。こうして中国が、そしてのちにはインドなどが驚くべき速さでキャッチアップしてきたのです。

デジタライゼーション、グローバリゼーションで企業の勝ち負けの順列が変わりました。こうした状況を受け、先進国は工業製品を大量に生み出すのではなく、新たな製品を生み出す、いわばイノベーションに舵を切ることになりました。

そこで必要とされるのはオープンでフラットな文鎮型組織です。実際、新製品開発の現場などでは、ずっと以前からフラット型の組織でした。また、前述したようにコンサルティングの世界でも、ずっと以前から組織はフラットでした。それが先進国のあらゆる企業に求められるようになったのです。

しかし、日本はその波にうまく乗ることができませんでした。そして、**ピラミッド型組織のままイノベーションを起こすことを求められ、それが達成できずに悪戦苦闘している**のです。

これからの組織は「ジャズ型」であるべき

「これからの会社にはイノベーションが求められる」

このことはもう、誰もが耳が痛くなるほど聞かされていることだと思います。

では、どのような組織にしたらイノベーションが起こせるのか。私が以前在籍していたコンサルティング会社のトップが、このようなことを言っていました。

「これからの時代に求められるのは、指揮者の指示に従う『オーケストラ型組織』ではなく、同じビジョンを共有し互いに周りを見ながら音を出す『ジャズ型の組織』だ」[※6]

ジャズでは互いに周りを見ながら音を出し、そして新しい音楽を作り出すというインプロビゼーション（即興演奏）が重視されます。これは指揮者の命令の下に動くオーケストラ型と対極をなしています。これはまさに「フラット型組織」と「ピラミッド型組織」の違いと言えるでしょう。※7

私が「フラット型組織とは何か」を説く際によく挙げるのが、グーグルの例です。グーグル元会長のエリック・シュミット氏の著書によれば、※8グーグルがクリエイティビティ、イノベーションを起こすために重視しているのは、

①情報は常にオープンに
②小さなチームで仕事すること
③常に、色々な人が集まっている状態を、意識して作ること
④そしてセレンディピティ（偶然のひらめき！）を生めるつながりを広げること

これはまさに、フラット型組織の特徴だといえるでしょう。

誤解されがちなのですが、イノベーションは「発明」とは違います。この言葉を広めたシュンペーターはこれを「新結合」と言っています。まさに**「異質なものを結合させる」ことが、イノベーションを生み出すのには不可欠**なのです。

私自身、コンサルティング会社で、イノベーションやクリエイティビティのためには異質を受け入れることがどれだけ重要かをさんざん教わりました。

「ダイバーシティ」も徹底していました。25年以上前に、会長の役職を「チェアマン」から「チェアパーソン」に変えるとともに、法的な婚姻関係でなくてもパートナーと認めるなどの措置も行っていたのです。

いまでは日本でも性差別の禁止やＬＧＢＴＱ、人権保護などへの意識が広がりつつありますが、それを「時代の要請だから」としてやっている企業も多いのが現状ではないでしょうか。そうではなく、「異質のぶつかり合いなくしてはイノベーションは生まれない」という積極的な理由で行っているのです。[※9]

◇上司が部下のアイデアを評価する愚

このように考えた時、トップの命令に従って動くピラミッド型組織が、いかにイノベーションに向いていないかがわかると思います。にもかかわらず、ピラミッド型組織のままイノベーションを起こそうとしている企業が極めて多いのが現実です。

「アイデアを出せ！」と命令されてアイデアが出るわけもありませんし、上司が部下のアイデアを一方的に評価するような組織から「異質との結合」が生まれるわけもありません。

よくあるのが「経験の豊富なマネジャーのほうが、いいアイデアを持っている」という誤解です。そうして、部下から出てきたアイデアを「こんなものできるわけがない」とつぶしていく。これでは、イノベーションは生まれません。

イノベーションはどこで生まれるかと言えば、それは間違いなく「現場」です。フランス革命も明治維新も現場から起きています。革新的なことは現場からしか生まれ得ないのです。

なぜかといえば、**変化の兆候は真っ先に現場で発生する**からです[※10]。重要なのはその兆候を見逃さないことと、それを共有できる組織を作ることです。

リーダーの役割は、現場に接しているたくさんのメンバーを束ねることにより、群衆の英知（ウィズダム・オブ・クラウド[※11]）を集めることなのです。そのためには誰もが自由に発言できる環境が必要であることは言うまでもありません。だからこそ、フラット型組織でなくてはならないということです。

大事なのは「聞く力」です。この力で現場の情報をどんどん引き出していく。マネジャーの仕事は、最終的に決断を行い、その責任を負うこと。これが、フラット型組織におけるマネジャーの仕事です。

アリババの「変身」

ここで一つ、極めて興味深い例を紹介しましょう。中国のアリババです。

アリババはジャック・マーによるスタートアップとして1999年に始まった企業ですが、BtoBの電子商取引サイトの運営から始まり、電子決済サービスやAIによる都市開発などさまざまな最先端案件を手がけており、世界で最もイノベーティブな企業の一つに数えられています。

なぜ、アリババはこれほどの成功を収めることができたのか。そのターニングポイントが、フラット型組織への変革だったのです。

起業直後のアリババはジャック・マーの独裁企業でした。スタートアップには強力なリーダーシップが必要ですから、トップダウンは当然のことです。組織が大きくなるにつれて民主型の組織運営方法も導入しましたが、最後の意思決定はマー主導でした。
しかし、2013年頃に、アリババはセルフチューニング（自己調整）型の組織に変えました。トップダウンから、誰もが自由に意見を言える組織に変えたのです。複雑なビジネス環境に適応していくためにはトップダウンではなく、現場の自己調整型の組織に進化すべきだと考えたからです。
その結果としてアリババは初期のビジネスモデルから脱却し、ファイナンスやAIなど幅広い分野に進出。2013年にジャック・マーが会長に退いたあとも自律的に成長を続けられる組織となっていきました。[※12]
アリババのような強烈なトップダウン企業も変わることができたのなら、あなたの組織もきっと、変わることができるはずです。

◆グローバリゼーションの要請——文化レベルでの問題とは？

フラットな組織が求められるもう一つの背景は、グローバリゼーションの要請です。
いまや日本企業が海外で現地の人を雇用してモノを作るのは当たり前ですし、日本国内でも多国籍な人材が一緒に働くことが増えてきています。ただ、それは容易なことではなく、私の元にもこうした文化的背景の違うスタッフをどう活用すればいいのかという相談が数多く来ています。

なぜ、日本企業は多国籍人材を使うのに苦労するのか。海外でチームを率いて仕事をする機会が多かった私は、その根本に文化的な背景の違いがあると感じていました。

社会人類学者の中根千枝氏が主張するように、[※13]日本や韓国は典型的な「タテ社会」です。いわゆる「家父長制」の下、父親が一番偉く、家族内には明確な序列がある。そこに他の家から嫁が嫁いできて、その序列の中に組み込まれる。そして生まれた子供が働き手となって、父親をトップとしたピラミッドの中に組み込まれていく。

これはいわば父親を頂点としたトップダウン型の組織です。豊かな農地に恵まれた日本の農村社会では、家族単位で米作を営むことが可能であり、これこそが望ましい組織に思えたのでしょう。

そうした家族が集まって集落を作るわけですが、それぞれの家同士が助け合うのはもちろんのこと、こうした小さな独立した家族農家が一つの重要な単位となっているのが、日本の集落の特徴だと思います。

一方の欧米、そして中国やインドなどは「ヨコ社会」だとされています。海外の仲間と話した時に、欧米などはいわば、狩猟採集民的な組織なのではないだろうかという話になりました。たとえば、大型の動物をしとめるためには一家族だけでは限界があり、複数の家族から集まった人々のチームワークが必要とされます。そのため、横のつながりを重視するというわけです。

欧米が契約社会なのは、ここに起因しているとも考えられます。複数の家族が人手を出し合って大きな獲物をしとめた時、「こういう獲物が取れたらこういうふうに分配する」というルールが決まっていないとトラブルになります。だから、契約が重視されるようになったという解釈です。

つまり、文化レベルで彼らは横のつながり、つまり「フラットな組織」を重視しているように感じたのです。しかし、日本は縦のつながりを重視する。その齟齬が、日本が外国人を雇用する際に問題になってくるというわけです。

私はこのイノベーションの時代になって欧米や中国、インドが台頭してきた根本には、この文化的な側面があると考えています。もともとフラットな組織が文化レベルで組み込まれていたからこそ、イノベーションの時代に自然に対応できたということです。

逆にいえば、大量生産時代に求められた、上の指示通りにモノを作るという体制は、日本の文化に非常にマッチしていたと思うのです。会社の命令の下、決められたプロセス通りに、コツコツとコスト削減を行って、質の良い製品を安く作る。これは稲作の効率を高めていくプロセスそのものです。

だから、日本人はこのプロセスをあまり意識せずに実践することができた。しかし、**横のつながりを重視する組織文化は、日本人の中に組み込まれていない。だからこそ、フラット型組織を意図的に作っていく必要がある**ということです。

◆「フラットな組織」がすべてを解決する

ここまでの話で、なぜ現代のマネジメントにフラット型組織が不可欠であるかがおわかりいただけたかと思います。

Y世代、Z世代はもう、トップダウン型でうまくいった高度成長時代のことをまったたく知らないのです。そして、デジタル化の進展により、フラットな関係を重視する。しかも、そこに文化的な背景が違う多国籍人材の仲間が入ってくる。

そんな彼らに対して高圧的に命令をして従わせようとしても、やる気を出してもらえないのは当然です。そう、かつて私が失敗したように。

また、トップダウン型のままイノベーションを起こそうとしても、うまくいくはずがありません。そうして「いつまでたってもアイデアが出てこない」とマネジャーは嘆くことになります。

そして、部下が動いてくれないので、マネジャーである自分がすべてをこなさざるを得なくなる。その結果、自分はどんどん疲弊し、部下の心は離れていき、業績も上がらない。これもまた、私の失敗そのものです。

この章の冒頭に掲げた、「フラット型組織」の特徴を、もう一度列挙しましょう。

フラット型組織では、リーダーはチームメンバーの自発性に任せ、そのサポートをする。

フラット型組織では、立場に関係なく誰もが言いたいことを言う。

フラット型組織では、チームメンバーに自分自身の成長や顧客・社会への貢献を求める。

フラット型組織では、チーム内で助け合いをする。

フラット型組織では、チームであらゆる情報を共有する。

我々は意識して、このような組織を作っていかねばならないのです。

◇「助け合う」組織を作ろう

顧客・社会への貢献を重視するY世代、Z世代に対しては、自分たちの仕事の社会的な目的、いわばビジョンやパーパス（社会的存在意義）などについてしっかり話し合い、自分の言葉を各自が掲げることが重要になります。

これを聞くと、「社是は昔からあったはず」「むしろ以前は朝礼で唱和などをしていた」という反論をする人がいるかもしれません。しかし、それは結局、上からの押しつけであり、ピラミッド型組織の象徴ですらあります。

そもそも、トップが立派なことを言っていても、現場にはまったく浸透していない企業は非常に多いのが現実です。不祥事を起こした企業のホームページを見ると、「社会に貢献する」といった立派な社是が掲げられていたりします。いくら立派な社是を掲げても、掲げるだけでは意味がありません。こういう会社では、若い人はしらけます（ダブルバインド：二重拘束という悪弊です）。

そうではなく、皆でビジョンやパーパスを作っていき、それを自分の言葉に落とし、意識を共有し、共感の波動としていくことが大事なのです。「ナラティブ」（物語化）です。

キーワードは「競争から助け合い」です。SNSの世界では本当によく助け合いが行われます。これもまた、「競争から助け合いへ」という変化を促していると思います。

◇「ノルマ」が相次いで廃止されている必然的な理由

昨今、「個人ノルマの廃止」を謳《うた》う企業が増えていますが、これもその文脈で考えるべきでしょう。個人ノルマというのは結局、社員同士を競争させるという仕組みだからです。

ノルマの代わりにチームでの目標達成という仕組みに替えているそうですが、これも極めていまの時代に適した目標設定と言えるでしょう。

もちろん、「目標」がなければ、仕事に張り合いが生まれないのも事実です。なので、「目標」は必要です。ただし、**もし目標を達成できそうにないとしても、プレッシャーをかけてはいけません。**そうではなく、どのように顧客のニーズに応えていけば達成できるかを一緒に考え、チームとして補い合う体制を作る。そして、達成できたら大いに褒め合う。

そう、**すべてを個人ではなく「チームの取り組み」にすることが大事なのです。**

そのために重要なのは、心理的安全性です。話しやすく相談しやすい、安心できる環境を作る。異質を認め、お互いに悪口を言ったりさげすんだりすることもない。

リーダーの役割は命令する人からファシリテーター、いわば潤滑油となります。さらにいえば、サーヴァントリーダーシップという言葉もあるように、「召使」としてメンバーに仕えるくらいの意識すら必要になっているわけです。※14

とはいえ、いきなり「フラットな組織を作りましょう」と言われても、「どうやったらいいの」という話だと思います。そこで、「仕組み」の登場です。

次章より、私が自分の経験から導き出し、いまに至るまでブラッシュアップしてきた「仕組み」を公開したいと思います。

※1　参考：「『エンゲージメントと企業業績』に関する研究結果を公開」（リンクアンドモチベーションHP、2018/9/18）

※2　出所：「日本人が直面する『先進国内の地位低下』の深刻さ」（野口悠紀雄、「経済最前線の先を見る」東洋経済オンライン、2022/3/6）

※3　1988年発売開始の三共（現・第一三共ヘルスケア）の栄養ドリンク「リゲイン」の広告キャッチコピー

※4　出所：「2020年　デロイト　ミレニアル年次調査」（デロイトトーマツ）

※5　この話題については、『エンゲージド・リーダー ―― デジタル変革期の「戦略的につながる」技術』（シャーリーン・リー著、山本真司、安部義彦訳、英治出版）で紹介しています。

※6　出所：「『ジャズ型組織』で勝ち抜け」（御立尚資、日経ビジネスオンライン、2013/12/18）

※7　出所：Jazz vs. Symphony（John Clarkeson, BCG. com, 1990/1/1）

※8　出所：『How Google Works ―― 私たちの働き方とマネジメント』（エリック・シュミット他著、日経BPマーケティング）および「Google・シュミット会長による働き方とマネジメントを示すスライドが公開中」（Gigazine, 2014/10/17）を元に作成。

※9　参考：「異質の受容が競争力高める」（山本真司、「私見卓見」日本経済新聞、2017/2/17）

※10　参考：「春の来ない冬はない　時の変化の法則の書『易経』のおしえ」（竹村亞希子著、実業之日本

社）

※11　出所：「INSEAD流 リーダーシップの心理学（2）英知は「群衆」の中にしかない 環境激変時代の決断術」（広野彩子、日経ビジネス、2020/6/12）

※12　出所：「The Self-Tuning Enterprise」（Martin Reeves, Ming Zeng, and Amin Venjara, Harvard Business Review, June, 2015）

※13　出所：『タテ社会の人間関係』（中根千枝著、講談社）

※14　出所：『サーバント　リーダーシップ』（ロバート・K・グリーンリーフ著、英治出版）

第3章

時間をかけずに結果を出す「チームを引っ張る9つの仕組み」

III

「仕組み」を作るに当たり、知っておいてほしいこと

◇「型」を身につけなければ、アートも何も生まれない

では、いよいよここから「自分だけが頑張らなくてもチームが動く」ための具体的な大技、小技の数々を紹介していきたいと思います。いわば、自分が頑張らなくても仕事が回る仕組みを作るための「部品」です。

最初に、三つ申し上げておきたいことがあります。

第一に、「仕組み」の習得を意識してほしいことです。ソフトスキルと言われ「総合

芸術（アート）」のように語られるチームのマネジメント・スキルだからこそ、**安定的、継続的に成果を出すためには、再現可能な「仕組み化」が必要**だということです。

アメリカ留学中に、気晴らしのために絵を習いに行ったことがあります。人物画の教室でした。絵は芸術だから才能、感性が大事でしょう。だから、教室では先生が私の絵に、芸術的な香りのする指導をしながら授業が進むと思っていました。

実際は、まるで違いました。「型」のオンパレードなのです。「首と肩の長さと、腕の長さの比率をこのくらいにすると人間は、自然な姿で描ける」というような技ばかりが紹介されました。芸術家肌の人は嫌悪するような内容かもしれません。

この経験は、アートや芸術と呼ばれる分野でも、あえて定型化した「型」に落とし込むことの面白さと、その重要性について気づかせてくれました。これはいろいろな分野で語られることですが、「型」から入って「型」である程度の品質の仕事をし続けて、そして、最後に自分流に創造的に「型」を変えていけば良いのです。

最初は、メンバーを動かすための型として身につけてもらって、最終的にはあなた流の「仕組み」に進化させていただきたいと思います。

本書の「型」が頭に染みつき、身体が自然に動くようになり、成果が安定的、継続的に再現可能な形で出せるようになったあとに、自分の「仕組み」に進化させるために、あなたなりのアートの要素を盛り込んでください。

最後は、本書でお伝えした方法を大きく凌駕する「あなた流の仕組み」を創造してください。その入り口として私の「型」を活用してほしいと思います。

◆仕組みはかなり「効く」

二つ目に申し上げたいのは、仕組みはかなり「効く」ということです。

仕組みを身につけるまでは、大変だと思います。頭も使うし、気も遣う。五感のすべてを動員する。「こうやったら、思った通りの反応が来るかな?」という試行を繰り返して、正しいやり方を身につけていくわけですから。

しかし、いったん**「このやり方でいけるな!」とわかった瞬間から、いちいち試行をしなくても、自動的に、超効率的に仕事を回せるようになります。**

私にとって、チームのマネジメントが最大のウィークポイントだったことは前述の通りです。しかし、自分なりの「仕組み」ができて、この問題を克服すると、チームのマネジメントの仕事が楽になりました。不思議なもので余裕が出ると、マネジメントにさらに興味が湧いてきました。そして、自分の「仕組み」をもう一段進化させようという気持ちにもなりました。

その結果、大きな組織のリーダーの仕事もさせてもらえるようになり、国内だけでなく、グローバルな土俵でもリーダーとして活動する機会を得ることができました。

もし、「仕組み」の重要性に気がつかなかったら、どうなっていたことか。いずれ、仕事のしすぎで燃え尽きるか、倒れていたことでしょう。あるいは、部下をつぶすか、仕事で大きな失敗をやらかしていたかもしれません。それでも、血反吐《ちへど》を吐きながら「一人プロジェクト」をこなしているのに、一向にうまくいかない自分を恨めしく思っていたはずです。

◆すべてを叶える夢のような方法がある

そして三つ目。「仕組み」構築の狙いは、「チームにオーナーシップを持って」もらいながら、「仕事品質低下のリスクを最小化」する、つまり任せても成果が出る安全な仕組みを作ることにあります。さらに、そのリーダーとの仕事を通じて、「チームメンバーが成長意欲を持ち」「自らの成長に向けて行動する」ようになることも目指します。

そんなうまい手があるのかな、と思うかもしれません。しかし、これは私自身の実践によって、実際に「できた」ことなのです。

この仕組みの下では、**メンバーたちは会社のために働くという意識を持つのではなく、「自分の思った通りに仕事をしたい」「自分の人生を良くしたい」と考えながら仕事をすることになります。**「このリーダーと働いていれば、自由に仕事ができる」「成長することができる」なら、オーナーシップを持って働こうと思ってくれるのは当然です。

リーダーの仕事はある意味、失敗した時のリスク管理だと言えるでしょう。私の開発した「仕組み」には、チームに任せ、自分の思った通りに仕事をしてもらいつつも、大きな失敗をしないようにする方法が数多く盛り込まれています。

さて、前置きはこのくらいにして、いよいよ具体的な「仕組み」を公開していきましょう。

1 まずはとにかく「仮説思考」
――仕事は初速で9割決まる

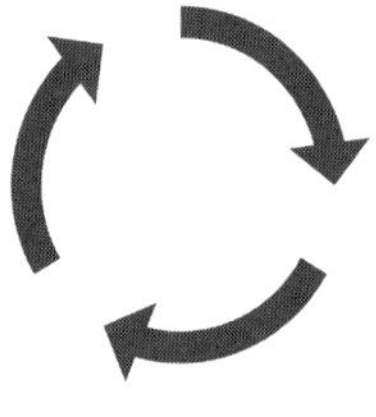

◇「とりあえず」は最悪のセリフ

有能なマネジャーの仕事は「初速勝負」です。何か新しいプロジェクトを始める際、新しい期の初め、何か課題が発生した時、「初速」をいかにつけるかを意識して仕事ができるか否かで、その後の成果が大きく変わってきます。

だからこそ、一番最初に紹介したい仕組みがあります。それは「まずはとにかく仮説思考」というものです。

さて、もしあなたが3名のチームメンバーを与えられて、「売上倍増作戦を2カ月で立てるように」と求められたとします。しかも、マネジャーのあなたも3名のメンバーも、営業現場での通常業務を抱えながらの追加要請です。あなたはまず、何をしますか？

一番よくあるのが、「とりあえず、なぜ売上が大きく上がらないのか、調べてみてくれ」「とりあえず、他社で売上が上がったケースをリサーチしてみてくれ」といった指示ではないでしょうか。

これは「最悪の初手」です。

私の「史上最凶のマネジャー」時代の仕事の指示の仕方が、まさにこれでした。メンバーたちはなんのヒントもない中でひたすら情報を集める。そして、マネジャーである私に持っていくと、「こういう他の可能性もあるんじゃないかな？」「うーん。もっと面白い話ないかな。インパクトに欠けるね」「とりあえず、『これだ！』ってものを探してよ」というような、曖昧さを極めたような指示を返される。そしてメンバーは、再び調査、ヒアリング、データ分析を繰り返す……。

彼らはおそらく、「何が『面白い』のかの定義をしてくれ」「こんな指示なら誰でもできる」「あなたは評論家、批評家じゃないですよ。マネジャーですよ」という思いを押し殺しながら仕事をしていたことでしょう。いま、思い出しても我ながら情けない限りです。

そもそも**「とりあえず」というのは、「私はなんにも考えていないから」と言っているのと同じ**なのです。まさしく、「ウルトラ放し飼い」のマネジメントです。

◆最初から正解が出るわけがない。「仮置きの案」で十分

だからこそ、必要なのは仮説。とにかくまずは仮説です。

仮説思考という言葉は聞いたことがあっても、具体的に何を指すのか、ピンとこない人もいるでしょう。私の考える実務的仮説思考とは、**「いまここにある情報だけを頼りに、現段階でベストだと思う『答え』を考えること」**です。

たとえば、

「売上を2倍にするには、営業ルートを思い切って変える必要があるのではないか」

「商品構成を大幅に見直し、売る商品を絞ったほうがいいのではないか」

といったものが「仮説」に当たります。

それが、本当に正しい答えかどうかはわかりません。あくまで「仮置きの案」でＯＫです。しかし、いったん仮説ができたら、その仮説が正しいかどうかを検証することだけに絞って、次の情報収集、分析作業をすることができます。

チームメンバーも「何を調べれば良いのか」「何を分析すれば良いのか」がわかります。「とりあえず」という言葉の下に、あらゆるデータを片っ端から調べるような時間の無駄を避けることができます（こうした全数調査的な調査方法を、「悉皆《しっかい》調査」と呼びます）。

作業の結果、仮説が反証されて、違うとわかったら、すぐに次の仮説を作ります。仮説の方向が正しいことは検証されたが、どうも仮説が粗く、ぼんやりしていると感じたならば、どんどん仮説を具体的なものに落とし込んでいきます。こうして、仮説を進化させていくのです。

◆机で悩むヒマがあったら、さっさと聞いてしまおう

もちろん、仮説ですから絶対に正しいということはあり得ません。しかし、できるだけ精度の高い仮説を立てたいものです。

そのための「仕組み」をお伝えしましょう。それは、**同じような課題に悩んだことのありそうな同僚、先輩、他業界の仲間と連絡を取って、「あなたなら、どうするか」と聞いてみる**ことです。特に現場感をしっかり持っている人に聞くと良いでしょう。

私が所属していたコンサルティング業界の組織的強みの一つはここにありました。大体、どの会社でも、マネジャーは仮説作りのために、類似の仕事経験のある世界中の仲間に連絡しまくります。そして、自然にこうした「情報を提供し合い、学び合う」文化が出来上がっていました。そう、「フラットな組織による情報の共有」です。

「聞いたところで親身になって教えてくれるものなのか」と疑問を持つ人もいるでしょう。しかし、第2章でもお話ししたように、いまは「助け合い」が当たり前の時代で

す。特にY世代、Z世代の人にはその意識が浸透しています。助け合い、学び合いましょう。

X世代の人であっても、改まって聞かれたら、親身になってアドバイスをしてくれるのではないでしょうか。また、日頃からSNSなどを活用し、社外とのつながりを持っておくことも重要となるでしょう。

答えのない問いに対して、いくら机の前でうなっていても無駄です。あるいは、書籍や雑誌、ネットなどで成功事例を集めることもあまり意味はありません。それはあくまで「他社の話」であり、「蒸留されたきれいごと」。「我が社の事情」を汲んでくれているわけではありませんし、「本音」を伝えてくれるものでもありません。

いわゆる「ロジカルシンキング」の手法を使い、課題の因数分解をするマネジャーもいます。結果を丸で囲んで、その下に四つくらいの原因を丸で囲って書き、線でつなぐ。ツリーのような形状になり、これがロジックツリーと呼ばれているのはご存知の通りです。

確かにこれは、考える際のガイドラインにはなります。しかし、そこから「答え」が出てくることは、永遠にありません。思考の整理の道具としては使えますが、それだけです。

◇仕事は「最初の2週間」で決まる

ちなみに「まずはとにかく『仮説思考』」という時の「まず」とはどのくらいの時間軸なのでしょうか。

私の経験からは、3カ月の検討が必要な仕事、あるいは3カ月で結果を出さなければならない仕事であれば最初の2週間で、かなり正解に近いという自信の持てる最終仮説を作り上げるというのが一つのメドとなります。少なくとも最初の1カ月で最終仮説が決まっていないと、その後の2カ月のマネジメントは、とてもしんどくなります。

あるいは、2週間で勝負をつけるようなもっと短期の仕事なら、最初の2日間くらいで最終に近い自信のある仮説を作るといったイメージです。

「こんなもんかな。落とし所は」とつぶやけるような、かなり正解に近いという確信を持てる仮説に到達できれば、チームメンバーを漂流させることもなくなり、マネジャーも精神衛生上、ぐっと楽になります。

本書は「頑張らない」ことを目指す本ですが、初速だけはある程度「頑張る」必要があります。ただ、それをやることで、あとの仕事は大いに楽になります。**「最初だけはとにかく頑張る」という「仕組み」を導入する**、と考えましょう。

2

絵を描く

——ロジックを忘れて成功イメージを

◆成功の瞬間の「絵」が浮かぶか？

仮説の重要性はわかったとして、では、どのように仮説を磨き上げていけば良いのでしょうか。

ここにもちゃんと「仕組み」があります。それは「絵を描く」ことです。といっても、実際に紙の上に描くわけではありません。あくまで「脳内に絵を描く」のです。

前述の「売上倍増作戦を2カ月で立てる」に関して、「売上の大きなコア顧客だけに集中して、他社と一味違う提案ができるソリューションを武器に営業展開する。そして、主要エリアでめちゃくちゃ大きなシェアを稼いで主導権を取ってしまえば、そのあとはヨコ展開すればいけるのではないか」という仮説を立てたとします。

この場合、まずはターゲットになりそうな売上の大きなコア顧客の顔と、そのコア顧客の担当者の顔を思い浮かべます。そして、**営業担当者がその顧客に対して提案をする場面の会話を頭の中で想像する**のです。

どのような営業トークで説明を行い、それに対して顧客はどのような反応をするかを思い描く。そして最後に、その提案に対して「なるほど」と納得する顧客の顔をイメージする。

難しいロジックなどはいったん置いて、とりあえず「頭の中に絵を描く」のです。そのイメージがしっくりきて、「これだ！」と思うことができるかどうか。先ほどの例でいうと、顧客が納得する表情の絵を描けるかどうか。それが、仮説作りの第一歩です。

◆「競争力」と「解像度」をチェック

続いて、本当にその絵が「競争力」のあるものかどうかを確認するため、**あえて自分を二重人格にして、冷静にチェックをかけます**。具体的には次の四つの質問に対して、舌を嚙まずに答えられるかどうかを自問自答することです。

そのイメージしたあるべき姿は、「①世の中の流れに適応しているか?」「②顧客の変化を取り込んでいるか?」「③競争相手と差別化できるのか?」「④その提案のイメージは、本当に実現可能か、儲かるのか?」の四つです。

描いた絵が頭の中でしっくりきて、この四つの質問にもすんなり答えられたら、それは、競争力のある仮説であると考えて良いでしょう。

上記の質問は、企画や業務推進の分野を例としていますが、業務改善でも同様の枠組みで考えてください。①世の中、業務環境の変化、②最終の顧客、あるいは業務の受益者の変化、③いままで以上のコスト改善、あるいは付加価値、④実現可能性、費用対効果などです。

ただし、ここで興奮して「これでいこう！」と決めてしまうのは早計に過ぎます。次に、より慎重に「解像度」チェックをかけます。

これはいわば第二次詳細チェックで、たとえば「①顧客は誰で、その満たされていないニーズは何か？」「②商品・サービスは具体的に何を提供するべきか？」「③その商品・サービスを届ける体制は何か？」「④そのビジネスを支えるインフラは何か？」「⑤継続的差別化要因は何か、厳密な経済性に合うか、儲かるか？」といったチェックをかけていきます。

先の例で言えば、

「売上の大きい得意先に高い優先順位をつけて、そこに共通する満たされないニーズに目をつけて、訪問営業の頻度を高めて、そこで顧客の意思決定者と会って、こんな話や提案をする。営業部隊の数も、前年の１・５倍になっているから、十分に実現可能だ。本社に少数の支援部隊を置けば、さらに盤石だろう。かたや、ライバルは、わが社のような突っ込んだ提案は、組織上の理由で、早期に対応するのは難しいだろう。経済性については、初年度だけは赤字だが、２年で回収できる」

というように、ざっくりとでも抜け漏れのないようにチェックをかけるのです。

◆「あるべき姿」を描けなければ、人は動かない

この**仮説を作る作業の特徴をひと言で表現すれば「あるべき姿から考える」ということ**です。「尻から考えろ」と言うこともできます。最近のはやり言葉では、バックキャスティングです。

ところが、多くのマネジャーは「頭から考える」課題解決、改善思考に縛られてしまっています。「現在の環境が××で、顧客が××で、実績が××で、競争相手が××で、だから、こういう施策をしたい」という発想です。しかし、その結果得られた結論を具体的にイメージしてみようとしても、頭に「絵」が描けないことがほとんどです。

そうではなく、

「これが結論のあるべき姿だと思うんだよ。世の中の変化、顧客の変化、競争相手の対応、実現可能性、経済性からいってこういう方向で良いと思う」

「具体的には、対象にする主要顧客は××で、そのニーズは○○で、商品・サービスの概要は△△で、それをこういう体制で提供して、それに合わせてインフラを変える。こ

れは、こういう理由で実現可能で差別化できる。十分、経済性も合う」というように「あるべき姿」である「尻」から考えるのです。

そして、そのあとに現在の「環境がどうで」「顧客がどうで」というチェックを行う。そして、そのギャップを埋めるというふうに考える。その順序が大事です。

そして、この「あるべき姿から考える」ことは、チームメンバーに動いてもらうためにも決定的に重要になります。昭和のピラミッド型組織なら「つべこべ言わずに指示した通りにやればいい」と言えば、部下は動きました。しかし、いまの時代は**「なんのために動くのか」がなければ、メンバーは動いてくれません。**そのストーリーを語れなければなりません。

その「なんのため」の「絵を描く」ことで、リアルに伝えることができます。だからこそ、彼らも動いてくれるのです。さらに、その「絵」が顧客・社会への貢献や自分自身の幸福や能力向上、成長に結びついていれば、なお盤石でしょう。

◇マネジャーが何かを言った途端、それは「指示」になる

絵を描き、「競争力」チェックと「解像度」チェックをするのが、仮説作りにおいて最初に行うべきことでした。ただし、それはあくまでマネジャーの頭の中だけで行います。そして、とりあえず仮説を完成させます。ただ、その考えた仮説は**「紙に書いて机の中にしまっておくべき」**なのです。

仮説は、いざという時の最後の切り札であり、皆を誘導するための下書きの仮の結論です。それを最初からチームメンバーにしゃべってしまえば、指示になってしまいます。これでは、そもそも目標とする「フラット型組織」は作れません。「フラット型組織」の目指すところである「自発性」「立場に関係なく誰もが言いたいことを言う」という最初の重要な条件が、いきなり満たせなくなります。

具体的にどのようにするかは、第4章「わからないふりミーティング」（P160）にて、詳しくご説明したいと思いますが、とりあえず「机の中に仮説を隠し持つ」ことが重要だということは覚えておいてください。

3

期間限定「一兵卒」

——チームメンバーのやる気を保ちつつ、情報を集める

◆あなたは「残念なマネジャー」になっていませんか？

仮説はスピードが大事。そして、なるべく短期間で的確な情報を得るための方法として、知り合いに連絡を取りまくるという方法を紹介しました。

しかし、社内に頼れる人が少ない、社外の人脈もあまりない、という人はどうすれば良いのでしょうか。そこで一つ、良い「仕組み」をお伝えしましょう。それは、３カ月で仕上げる仕事ならば、**「最初の２週間だけ、一兵卒として現場に出る」**というこ

とです。

本来的には、マネジャーがメンバーに代わって現場に出るのはご法度《はっと》です。メンバーがマネジャーに依存する気持ちを生んでしまいますし、責任感があるメンバーの場合はやる気を失ってしまうことにもなります。顧客としても「誰に話をすればいいのか」がわからず、混乱させてしまいます。

だから、3カ月の仕事の「最初の2週間だけ」なのです。プロジェクトがスタートした最初の2週間だけは、一兵卒として現場に出向き、顧客や取引先から真摯にアドバイスや意見をもらうのです。

マネジャーの肩書きを持つ人が自ら出向いて、真摯に意見を聞きに来たら、誰でも結構、胸襟《きょうきん》を開いて教えてしまうものです。


ただ、ここで極めて「残念な人」がいます。それは、意見を聞きに来たはずなのに、「自分がいかに偉いか」をひたすら語って終わり、という人が意外と多いのです。

「こんなに大きな仕事を任されてしまいましてね」「いやー、こんなに若くしてマネジャーになって、大変なんですよ」など、一見謙虚な言葉を使いながらも、実は自分がいかにエリートかをアピールしたいだけの人がどれほど多いことか。「私も偉くなったでしょう」という自己宣伝に余念のない人には、相手も胸襟を開きません。自分の経験不足を補うために、他人に弟子入りする時の態度は、やはり謙虚な「一兵卒」でなければ駄目なのです。

◇言葉だけで得られる情報は、意外と少ない

「チームメンバーに情報を集めてもらい、それを集約したほうが速い」と考える人もいるでしょう。しかし、コミュニケーション論を学んだことがある方ならおわかりだと思いますが、情報の伝達において言葉や活字の占める割合は、意外に小さいものです。実際にはその人の表情や仕草などのほうが、言葉よりも雄弁に語っていることが多いものです。

しかし、メンバーから現場の情報を上げてもらうだけだと、伝わってくるのは言葉のみです。しかも、自分より経験の少ないメンバーが得た情報ですから、相手の言語化されていない情報の解釈が正しいとは限りません。

あなたは、メンバーよりは経験豊富なはずです。現場の人と接し、情報を持っている人と話をして、その表情や仕草が何を意味しているかを解釈する思考回路は、より研ぎ澄まされているはずです。だからマネジャーが「期間限定で」現場に行かなければ、現実はわかりません。

私と同じ職場でかつて働いていた同僚に、頻繁に私の部屋に遊びに来ては、アドバイスを求めてくる人がいました。別に彼に教える義理はないのですが、**聞かれると、聞かれたほうは嬉しいものです。**先生にでもなった気分で、結構、本気でアドバイスをしてしまいます。

そういう人は、大体、外に出ることをおっくうがらず、愛嬌もあるものです。「自分はマネジャーになったんだ」とふんぞり返らず、こうした謙虚な姿勢を忘れないことが、情報収集の決め手と言えるでしょう。

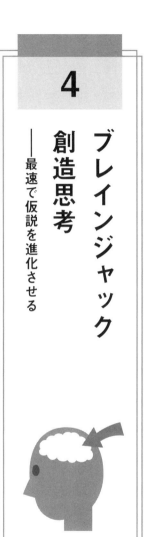

4 ブレインジャック創造思考
――最速で仮説を進化させる

◆私を悩ませた「創造」と「スピード」の二律背反

仮説を作るのには、それなりの時間がかかります。しかも、いきなり大正解の仮説が作れることは、よほど簡単な仕事か、同じような仕事を何度も経験した時くらいしかありません。特に、新しいビジネスのやり方を考えるような場合には、何度も何度も仮説を作り替える必要が出てきます。

仮説を作ることはまさに「創造」です。だからこそ仮説が出来上がった時は「創造の喜び」でとても嬉しくなるものですが、一方で**仮説が出てこないと、ひたすら悩み続けることになります。**

しかし、早く仮説を作らなくてはチームメンバーに無駄な仕事を強いることになる。創造には時間がかかるけれども、それをなるべく早く行わなくてはならない。この「創造」と「早期仮説構築」の矛盾とどう戦うかに、私も大いに悩まされました。

私が史上最凶のマネジャーだった時代の創造のやり方は、とりあえず情報を集め、数字をいじって分析らしきものをして、ヒアリングをして……そうこうしているうちに仮説が、ぱっとひらめくというものでした。

特に朝のシャワー時のひらめきが多かったため、メンバーが「仮説ができない」と言ってくると、「寝る前に材料を頭に叩き込んで、朝、シャワーを浴びろ」などというとんでもない指示をしていたこともあります。

しかし、これはあくまで個人の経験にすぎません。メンバーが納得するわけがありません。

◇相手の頭を「乗っ取る」

では、どうするか？　ここで紹介したいのが「ブレインジャック創造思考」です。

情報を集める際、最初の2週間は自らも現場を回りますが、当然、すべての現場に行くことはできません。実際には自分の情報に加え、メンバーにも情報を集めてもらう必要があります。

その話を聞く際に、あたかも**相手の頭を「乗っ取ってしまう」ような感覚で、メンバーから情報を収集するのです。**

そう言われても、なんのことだかわからないと思います。詳しく説明しましょう。

まずは、そのメンバーの話や考えを素直に聞きます。彼らの言うことをすべて受け入れます。「大手顧客を攻略するにはプランAが必要です」とメンバーが話したとしたら、自分もまた「プランAが必要なんだ」と考え、受け入れながら聞く、ということです。

もちろん、「そんなはずはない、プランBのほうがいいだろう」という考えが頭に浮かぶこともあるはずです。しかし、それはぐっと押し殺します。そこで「そうじゃない。違う。もう一度考えてこい」となってしまったら、それはピラミッド型の従来のマネジメントと同じことです。否定せずに受け入れるのです。

なぜ、そのような発想になるかが理解できない時は、「どうしてそう思ったのか」と聞いてみます。メンバーから話を引き出す際には、**「間違っていても良いから、あなたはどう思うか、教えてほしい」**と伝えると良いでしょう。

話を聞きながら「なぜ、そう思ったのだろうか」という深いレベルで相手を理解しようと努めるということです。

◆話を聞くことが楽しくなる！

そして、**理解した相手の考えを、自分の内に取り込んでしまうのです。**

たとえばあるメンバーが、「ライバルA社は既存顧客囲い込みを進めていて、そのために営業人員を倍にする予定だそうです。おそらく、正面から立ち向かっても勝ち目はないと思います」という話をしたとします。

あなたが「いや、人員を増やしても質がともなわなければ意味がない」という発想を持っていたとしても、いったんそれは脇に置きます。その上で、メンバーの「営業は人員の数で決まる」という発想を自分のものとして取り込みます。

すると、自分の「質」という発想に「数で勝負する」という発想が組み込まれることになります。これが相手の頭（ブレイン）の中の考え方を乗っ取る（ジャック）という意味で「ブレインジャック」と呼ぶ方法論なのです。

もちろん、メンバーの発想が、常に正しいとは限りません。しかし、そういう考え方もあるんだと受け入れることで、あなたの発想が広がったことは事実です。

何より、このように**すべての発想を受け入れて相手の話を聞くと、話を聞くことが面白くなります。**自分の目が増え、耳が増え、手が増えてくるような感覚になるのです。自分の体験が一気に広がり、自分の思考回路の思い込みから自由になれるように感じるはずです。

◇仮説がどんどん湧いてくる理由

私はブレインジャック創造思考を意識するようになってから、新入社員と仕事をするのが楽しくなりました。**「なんでこんなに話が通じないんだ」というイライラが、「なんでこんなふうに考えるんだろう」と相手の異質な思考回路をひもとく興味に変わっていく**のです。

「一人プロジェクト」の時代、私は部下の仕事そのものを「ジャック」していました。そうではなく、頭をジャックするわけです。

これはまさに「異質との触れ合い」だと思います。異質と触れ合うことこそがイノベーションを生むということは、前の章にて説明してきた通りですし、「両利き」の発想という考え方はブームにもなっています。「ブレインジャック」の考え方で異質な情報を集めると、自分の中でイノベーションが起き、仮説がどんどん生まれてくるというわけです。

チームで働くということは、生まれ育った環境も、物事の考え方、経験も自分と違う人と一緒に働くということです。つまり、異質と触れ合う大きなチャンスだということです。そのチャンスを生かす方法こそが、この「ブレインジャック創造思考」なのです。

とはいえ、これは「言うは易《やす》く、行うは難《かた》し」だと思います。次の項でより詳細なコツをお伝えしたいと思います。

5

「ベン図法」対話術

——面白いようにアイデアが引き出せる！

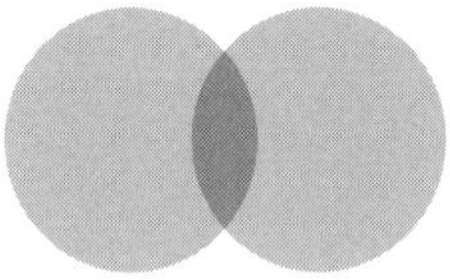

◆ 私が「なるべく若い人と仕事をする」理由

私はなるべく若い人と一緒に仕事をするようにしています。スタートアップへ投資をしたり、大学院で若い人たちとも接点を持っています。

彼らと一緒に仕事をしていて楽しいのは、**自分の経験に裏づけられ「正解」だと信じ込んでいた考え方や仮説が、若い人との触れ合いによって変わってくること**です。つくづく、思い込みは怖いなと感じます。異質との触れ合いの重要性を感じる瞬間です。

しかし、「異質から学ぶ」などということは、余裕のある状況なら口にできても、日々業績のプレッシャーに追われ、上にも下にも気を遣いながら仕事をしているマネジャー層には、きれいごとにしか聞こえないかもしれません。そこで、ちょっとした技術をお伝えしたいと思います。それが「ベン図法」対話術です。

異質な人の考えをうまく取り込むためのコツは、自分と相手との間の考え方の共通集合を探すことです。どんな人とでも、考え方が重なる共通集合は絶対にあるはずです。それを見つけるために、相手の発想に耳をそばだて、かつ、どうしてそういう発想を持つに至ったのかの理解に努めます。

ただ、相手と自分の考えがいかに一致しているかを確認するだけでは、あまり意味がありません。**本当に重要なのはむしろ「異質な部分を探す」こと**なのです。

◇お互いの考えを完全に一致させるのは、そもそも無理

ここでちょっと、想像してみてください。まず、あなたの考え方を円で表してみま

図2　円を2つ描く

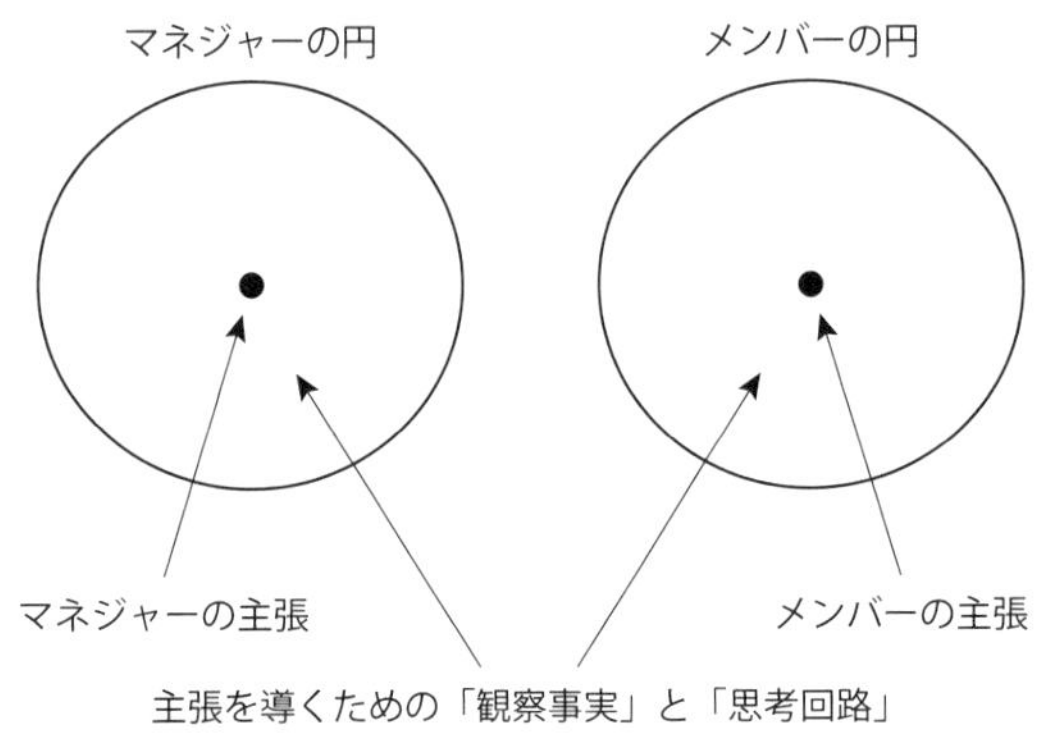

す。この円の中には、中心点であるあなたの主張とともに、それを導き出すために使った「観察事実」、つまり、「何が起きたか」ということと、「なぜそれが起きたか」という原因を考える「思考回路」の両方が描かれていると思ってください。

そして、異質で、あなたと違う意見を持つチームメンバーの主張、「観察事実」「思考回路」をもう一つの円で表してみます。相手の円は、あなたの円と重なることなく、離れたところに描いてください（図2）。

ここで多くの人は、この円の中心点を完全に一致させようとします（図3）。

確かに自分の円とメンバーの円が重な

図3　円の中心点を完全に一致させようとする

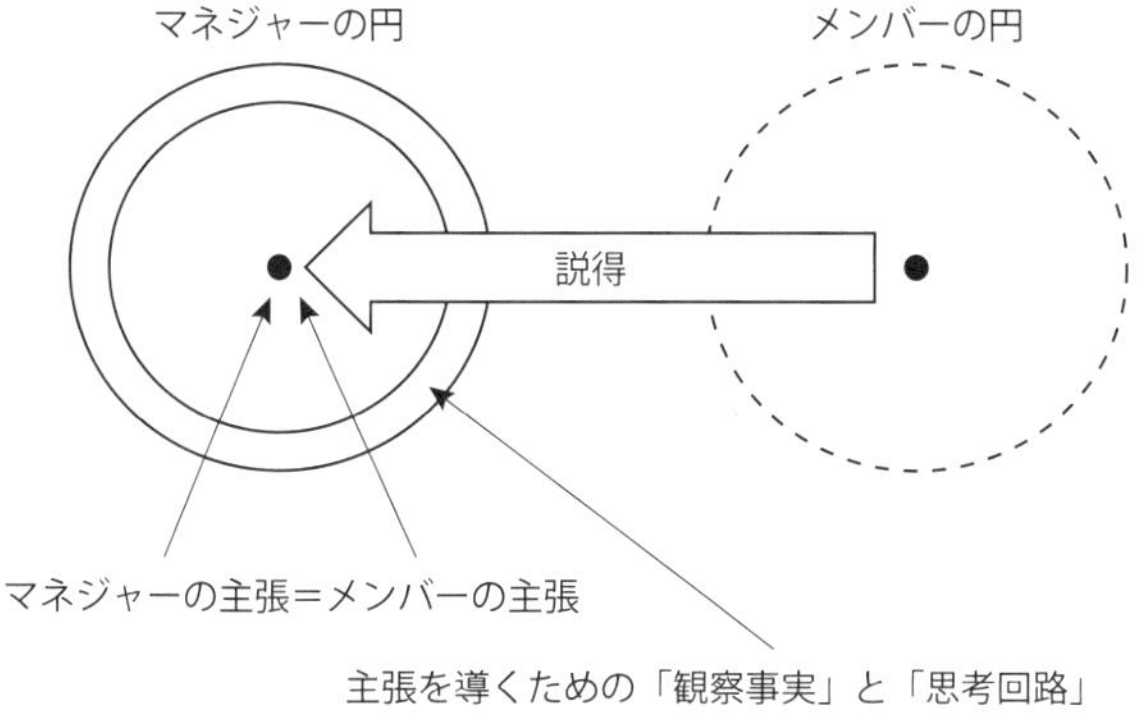

ると嬉しいものです。共通点が多ければ多いほど、会話が盛り上がり、相手と仲良くなれるのはそのためです。そういうメンバーには安心して仕事を任せたいと思うはずです。

一方、円がずれているメンバーに対しては、なんとか自分と同じ考え方になるように、すなわち、完全に円が一致するように説得を重ねようとします。しかし、**いくら説得を重ねたところで、メンバーと自分の考え方が完全に一致することはほとんどありません。**その結果、メンバーに仕事を任せきれず、最後にはすべての仕事をジャックしてしまう。そう、まさに「一人プロジェクト」

であり、メンバーも自分も不幸になります。

◆「違うんだよな……」の発想では、異質を取り込めない

そもそも、人間同士が完全にすべての価値観、考え方が一致することなどあり得ません。特に価値観が大幅に違うX世代、Y世代、Z世代では皆無と言えるでしょう。

いま思えば、「一人プロジェクト」の当時、円が完全に一致しているように見えたチームメンバーは、実は、私の円に合わせてくれているに過ぎなかったのだと思います。彼らは個性を殺して、私の軍門に降ってくれた。これはいわゆる親分と子分の関係であり、まさにピラミッド型組織の典型です。

一見やりやすいけれど、それは、いわば私のコピーがチームに何人もいるようなもの。そこからはなんのイノベーションも生まれません。

さらに悪いことに、メンバーが私と円を少しでもずらした瞬間に、私はそのメンバーの忠誠心を疑いました。子分が離反するんじゃないかという不安が心に湧いてきて、

「君は、まだまだだな。違うんだよ」とでも言って、その後、飲みに連れ出し、さらに説教していました。まさに最悪のマネジメントでした。

しかし、同じようなことをあなたもやっていないでしょうか。**「違うんだよな」と思い、何度も説得を重ねる。そんなマネジャーをメンバーは疎ましく思っている**に違いありません。

◆円が重なるところが「異質との出会い」

次に、マネジャーの円の外側にもう一回り大きな円を描いてみます（図４）。すると、二重円ができ上がります。

最初の円の中心点は結論であり、主張です。その主張を導く際には、「観察事実」と、何が原因でそういう観察事実が起きたのかという「思考回路」の両方を考慮したはずです。

それも、複数個の「観察事実」と、複数個の「思考回路」の中から、重要だと思うものを選択して結論である主張を出したはずです。それが最初の円の中身です。

図4 マネジャーの円の外側にもう一回り大きな円を描く

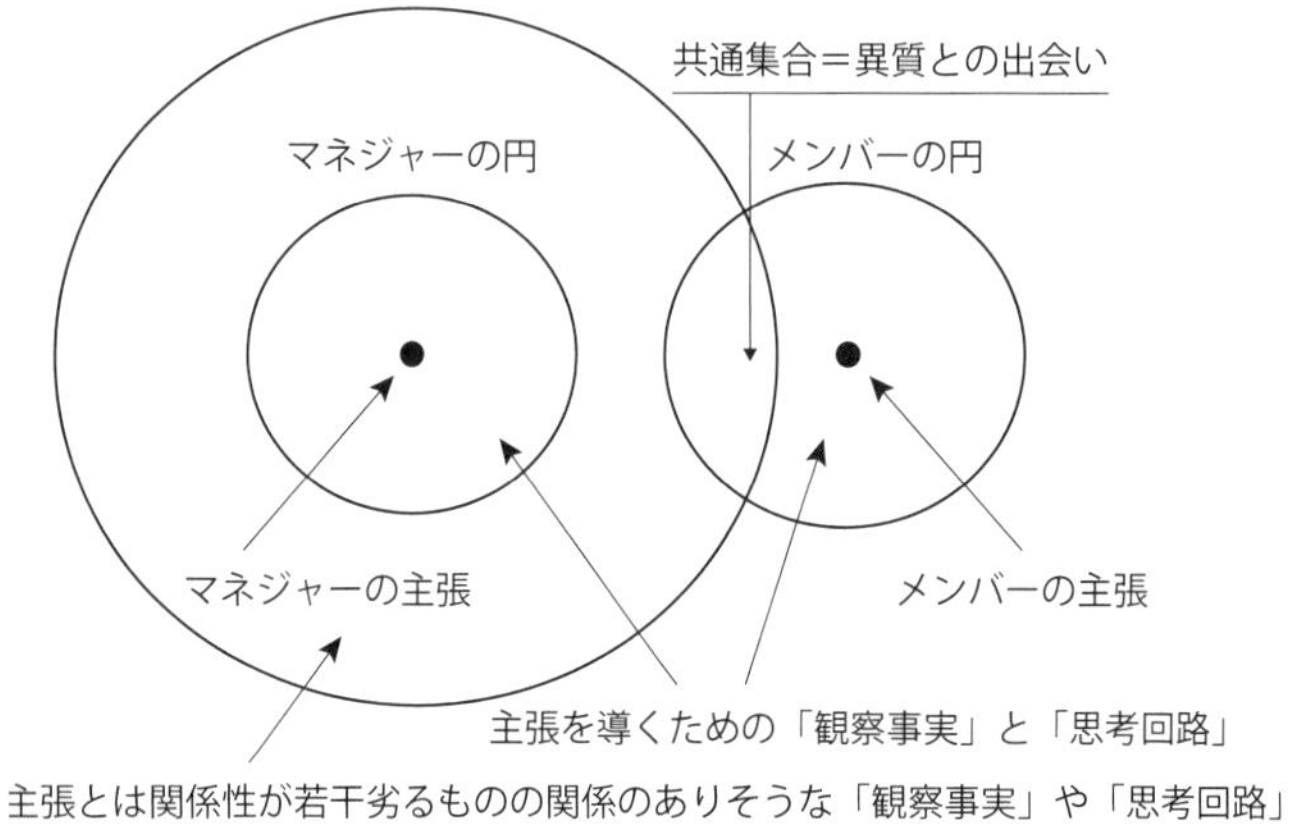

その最初の円の周りに、主張を出す時には捨ててしまった他の複数個の「観察事実」と「思考回路」を書き入れて、円でくるというイメージです。**いわば思い込みを捨てて、こういう考え方もあるかな、と柔軟に考え方を広げるということ**です。

そして、マネジャーのあなたのこの周辺円を、メンバーの円と重なるところまで広げて描いてみましょう。昔懐かしい、ベン図のでき上がりです。この二つの円の共通集合が、マネジャーとしての「異質との出会い」です。

つまり、自分の主張や興味関心の輪を

図5　メンバーの「観察事実」や「思考回路」の一部を取り込む

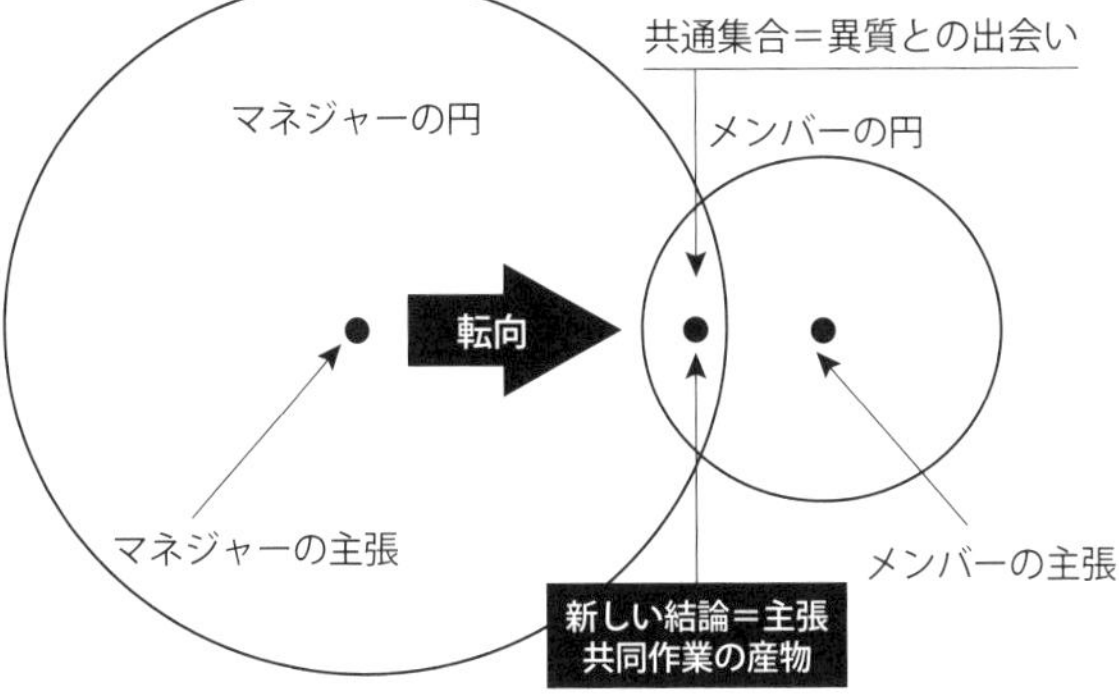

広げてみるという思考が大事だということです。そして、その重なった部分にはきっと、新しい刺激があるはず。そう考えることが重要です。

この作業によって、私も自分の考え方を何度も変えたことがあります。

ただ、それがメンバーの主張の丸飲みであったケースは少なく、彼らのアンテナに引っかかった「観察事実」や「思考回路」の一部を自らの思考に取り込んで、自分の領域に入れ込んでしまうことで新しい結論が出てくる（図5）。

そう、まさに「ブレインジャック」です。

◇ 話を聞きながら、自分の思考が進化していく快感

メンバーと話す際には、このように自分の考え方、意見をしっかり持った上で、柔軟に外延を広げようという心の準備をしておくといいでしょう。メンバーの「観察事実」「思考回路」の面白いところを取り込み、消化することで、異質の刺激を受けて、**異質を取り込み自分の考えが進化するのが楽しくなる**はずです。

メンバーとの共通集合を見つける際には、「どうしてそういう結論を導いたのか？」という過程を尋ねることが極めて有効です。

「あなたの主張（点）は、××だね。どうして、そういう結論になったか話してくれませんか？」（円を構成する「観察事実」と「思考回路」を尋ねている）などと聞くのです。

そして、メンバーの説明を聞きながら、頭をフル回転させて、自分の頭では捨ててしまった、重要でないと判断した「観察事実」や「思考回路」との接点がないか、自分の

考え方を進化、拡充させるのに使えないかを必死で考えます。

そして、共通集合が見つかったら、今度はメンバーに向かって、「面白いものを見つけてきたね。その観察事実は、こういうふうに考えても面白いんじゃないかな。いずれにしても、君の観察力の鋭さのおかげで、仮説が一歩進化した。ありがとう」と伝える。そう、まさに双方向のやり取りが生まれるのです。

◆共通点がどうしても見つからなかったら、どうする？

この話はここで終わりません。おそらくメンバーの話をいくら聞いても、共通集合が見つからない、接点が見つからないことがあるはず。いや、そういうことのほうが多いかもしれません。

そんな時は、もう一つの質問をしてみましょう。

「今回のあなたの主張に直接関係ないかも知れないけど、面白い、記憶に残る『観察事実』や考え方（『思考回路』）があったら聞かせてもらえないかな？」

そう、この質問により、メンバーにも、いまの小さな円の外延を広げて二重円にして

図6 メンバーの円の外側にもう一回り大きな円を描いてもらう

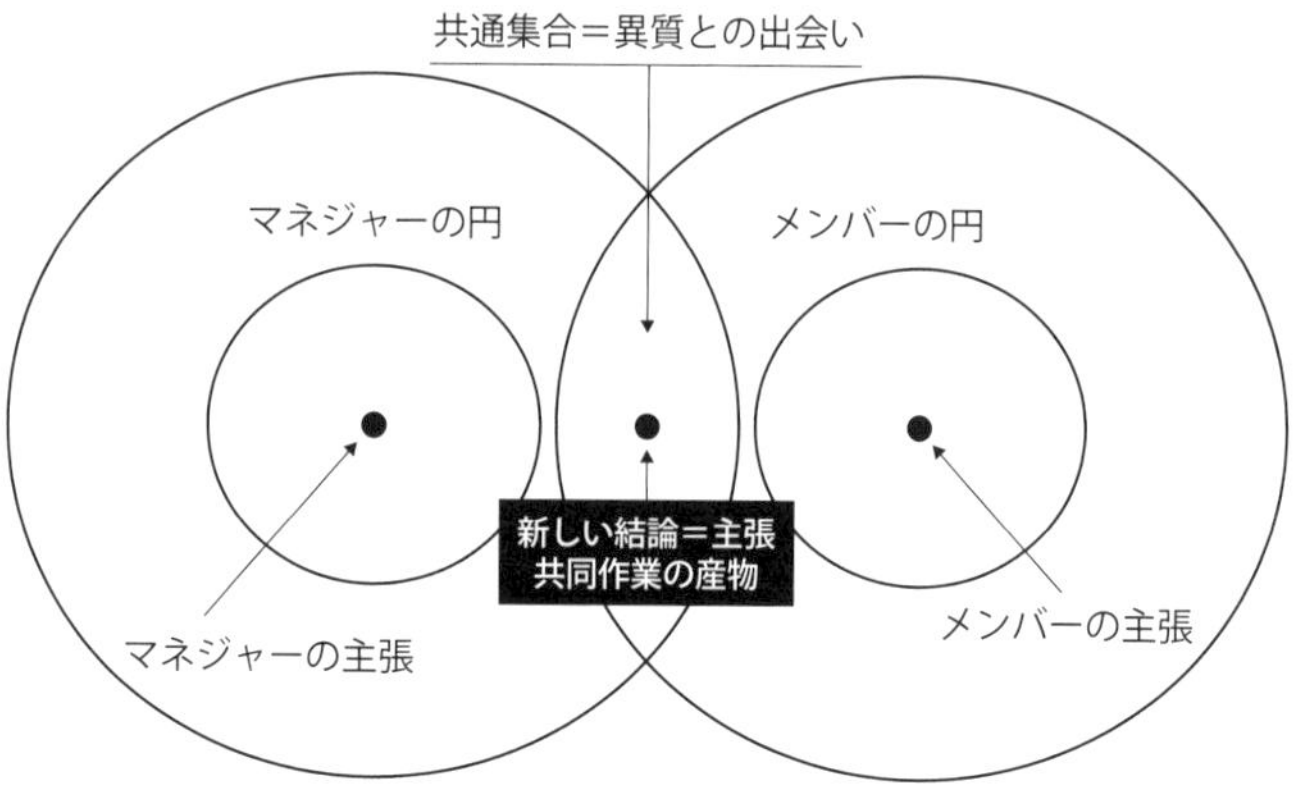

もらうようにお願いするわけです（図6）。この時に、共通集合を見つけて「あっ、いまの『観察事実』は面白いね」「その『思考回路』はいいね。なるほど」などと反応することで、メンバーの円はさらに広がっていきます。

あなたにもこういう経験はないでしょうか。自分とは立場がまったく違う人、たとえば別の会社の幹部などと話をしている際、あなたがあまり重要でないと思っていた観察事実や思考回路に、相手が「それは新しい発見だ」「それは面白い」と反応するという経験です。

ある人とある人の興味の範囲が、いつでも100％、同じであるわけがないのです。その**違う考え方を自分の中に貪欲に取り込める人こそが、イノベーションを起こすことができます。**

そのためには、こちらが柔軟に相手の「観察事実」や「思考回路」を受け入れる姿勢を持つことです。

◇マネジャーに勉強が必要な、本当の理由

このような仕事のやり方を私は「ベン図法」と名づけています。この方法論を意識的に確立して以降、チームメンバーとのミーティングが楽しくなりました。同時に、誰からでも学べることを改めて認識しました。そして、効率的に、かつ高い品質で成果が上げられるようになったのです。おまけに共同作業を行うことでメンバーの巻き込みも図ることができ、チームの一体感も強くなりました。

いま思えば、これはまさにフラット型組織を作るために最適な方法論だったわけです。自分だけで考えるのではなく、異質と異質を組み合わせ、結合させる。だからこそ新しいものが生まれ、チームの巻き込みで成果も上がる。メンバーと仕事をしていて

も、考え方が違うほうが面白くなってきました。

そのためには、自分の周辺円をどこまで広げられるかが鍵になります。自分の周辺円を広げない限り、メンバーの円、周辺円の考え方との接点は出てこないからです。

だから、マネジャーになったら、意識して自分の観察事実や思考回路を広げるための積極的学習が必要になります。他人が経験したことに耳を傾けたり、外部の専門家に話を聞いたり、経営学の勉強をしたり、経営学以外のリベラルアーツ系の本を読んだり、街中をふらついて消費者を観察したりといった、学習を通じた自分の関心領域の拡大が、ベン図法を成功裏に実行する鍵になるのです。

これらは、「ベン図法」を使うようになってから、私が意識的に行うようになったことです。

6

ムカデ型ミーティング
——気持ちよく、かつ安心して働いてもらうために

時々飛び跳ねる「バッタ型ミーティング」の問題点

最初の2週間、マネジャーは「一兵卒」としてメンバーと一緒に現場を走り回りましたが、仮説ができたあとも引き続き現場を一兵卒として走り回るのはナンセンスです。これはまさに「一人プロジェクト」であり、時間がいくらあっても足りません。

仮説が見えてからは、全体の仕事をメンバーに振り分けて任せて、あとは定期的なミーティングにより状況を把握し、適宜進捗を確認するというスタイルで進めるべきで

す。松下幸之助氏の「任せて任せず」のスタイルです。※1

問題は、任せたあとの進捗確認のミーティング頻度です。私が最初、上司から教わったミーティング頻度は約2週間おきというものでした。初めてマネジャーになった時は、何も考えずに2週間ごとにチーム・ミーティングを入れていました。

しかし、2週間おきで十分なのは、あくまで経験豊富で優秀なメンバーが揃っている時だけ。そうではない場合、**2週間に一度のミーティングの頻度では少なすぎる**ということに、すぐに気づきました。第一、2週間も間が空いてしまうと、2週間前に何を議論していたのか忘れてしまいます。

マネジャーの私は、2週間に一回のチーム・ミーティングに出席し、終わったあとは席でじっとしている。また、2週間経つと突然、飛び上がってミーティングに出かけていく。まるでバッタのようでした。

このようなバッタ型ミーティングには、いろいろと問題がありました。前のミーティングで何を議論していたかを忘れてしまうだけでなく、メンバーに適切なタイミングでアドバイスができず、仕事の効率が悪くなってしまったり、リスクの兆しをつかみ取ることができず、気がついたら大きな問題になってしまっていたり……。

その結果、マネジャーとしてその尻ぬぐいに追われ、自分もメンバーもどんどん疲弊していってしまったのです。

◇バッタからムカデへ　高頻度で短時間のミーティングを

そこで、ミーティングのやり方を根本的に変更しました。**多い時は週に２〜３回。少なくとも最低毎週１回はミーティングを行うのです。**

また、難所にぶつかっているメンバーの場合には、それこそ毎日のミーティングも実行します。いつでもチョコチョコとメンバーの周りを動いているような芋虫、ムカデ型のミーティングです。

頻度が高い代わりに一回当たりの時間は短くすることで、メンバーのストレスを減らすようにします。新しいメンバーと組む時は、「私のミーティングは高頻度短時間なんで、チョコチョコやります。よろしく！」と最初に宣言していました。

なぜ、そんな高頻度で行う必要があるのか？　前回のミーティングの記憶が鮮明なうちに次回を設定したいという消極的目的もありましたが、一番大きな理由はリスク・マネジメントです。

いくらもっともらしい仮説を作ったところで、その仮説がそのまま検証されて順調に進むとは限りません。違和感が生じたらすぐに仮説を修正する必要がありますし、大きなプラン変更が必要になることもあるでしょう。顧客の反応も気になります。

それなのに、1週間も2週間も放置していたら、軌道修正はその分遅れてしまいます。結局、メンバーを無駄に働かせることにもなってしまいます。

チームメンバーの顔が見たい！

メールでの報告ではなく、対面でのミーティングにこだわりました。メンバーの「顔」を見るためです。

コミュニケーションは言葉よりも表情や態度のほうが多くの情報を伝えてくれます。もし、メンバーが与えられた仕事や仮説に違和感を持っていたり、進め方がわからなくなっていたら、それは顔に出るはずです。

ちょっとでも表情に違和感があれば、こちらから聞いてみます。**メンバーは、一人**

で「ああだこうだ」悩みがちで、なかなかマネジャーにまで悩みを持ち込んでくれないものですから、こちらから違和感を発見して悩みを引っ張り出すのです。

　昨今はオンラインの仕事も増えていますが、オンラインミーティングでも顔は見ることができますから、同様に違和感を見つけ出すことができるでしょう。

　リスク・マネジメントの要諦は、小さなリスクの種や兆しを嗅ぎ分けて、まだ小さいうちにリスクの芽を摘むことにあります。そんな兆しは、経験のあるマネジャーでないとわかりません。少なくとも、メンバーよりは嗅覚が働くはずです。

　顔色がすぐれない原因が、個人的な事情であったりキャリア上の悩みであったりする時もあります。仕事には関係ないとはいえ、マネジャーはそうしたことの面倒も、できることであれば見てあげる必要があります。そうしないと、良いパフォーマンスで仕事をしてもらえませんし、当人にも成長してもらえません。第一、一緒に仕事をするこちらも楽しくありません。

「ウェルビーイング」を大事にする世代をマネジメントするに当たり、これは決定的に重要なことです。

◇あなたがバタバタしていると、メンバーも声をかけづらい

高頻度にミーティングを行うことのもう一つの意味は、**「メンバーがマネジャーをいつでもつかまえることができる」機会と環境を作る**ということです。

メンバーがトラブルに直面した際、あるいはトラブルの芽を感じ取った際、マネジャーがすぐに相談に乗れればいいのですが、実際にはいつも余裕含みでメンバーが駆けこんでくるのを待っていられるようなマネジャーは多くはないでしょう。上司に呼ばれ、顧客に呼ばれ、トラブル処理に大わらわなはずです。

しかし、一日一回、短時間でもメンバーと顔を合わせる時間を持てば、彼らも気軽に相談ができます。もちろん、こちらが「仮説はどうだ?」「分析はどうだ?」「顧客の反応は?」「大丈夫か?」などと声をかけてもいいでしょう。

とにかく、メンバーの顔を見ること。それが、最大のリスク・マネジメントであり、ムカデ型ミーティングの最大の目的なのです。

◇ミーティングは最長でも30分一本勝負で

ミーティングにかける時間は、長くて30分というところでしょう。高頻度であればいままでの議論を復習する時間も不要ですから、自然と時間も短くなります。

ただ、短時間であることのより大きな意味は、**「頭が高速回転する時間以上の長さのミーティングをやってもしょうがない」**ということです。

どんな人間でも、集中力が続く時間は限られています。居眠りをする人がいるようなミーティングは、そもそも無駄です。しかも、マネジャーは「ブレインジャック創造思考」でメンバーの話を聞く必要があるのですが、これは想像以上に疲れるものです。メンバーの話を聞いて、質問をして、自分の頭の思考領域を拡大させていくためには、頭をフル回転させなくてはなりません。私は、毎回30分が限度でした。

昨今のコロナ禍により、直接顔を合わせる機会がめっきり減っている会社も多いはずですが、それでも私は顔を合わせることにこだわってほしいと思います。オンラインでも顔が見えれば十分代替できます（私はオンラインでのテレワークに肯定的です[※2]）。

7

「壁塗り」の原則
——完成物を最短で仕上げるコツ

◆「映える資料」を評価してはならない

いくら短時間とはいえ、ムカデ型高頻度短時間ミーティングを実行するとなると、メンバーの時間はその分、奪われます。時間の不足により仕事の品質を落とすのはご法度です。だとすると、ミーティングを極力効率化していかなくてはなりません。

私のやり方は、「社内向けの資料は、形式にはまったくこだわらない。場合によっては、紙や資料をまとめ直す必要はない。生の資料でも、汚い手書きでもコピーボードでも、手ぶらでも構わない」というものです。

もちろん、**顧客向けの資料は絶対に手を抜いてはいけませんが、そこに至るまでの社内資料については、伝われば十分**だということを提唱したのです。

しかし、実際にはどうしても形式にこだわる人はいるものです。見栄えのいいパワーポイント、エクセルの資料作りが仕事だと考えて、一日中机の前に座ってパソコンと格闘している人も多いものです。それを嘆くマネジャーもまた、数多く見かけます。

しかし、そういう行動に導いているのはマネジャーだ、ということを覚えておいてください。原則を決めないからこうなってしまうのです。

原則が決められていないチームでは、メンバーが1点でも高い得点を取ろうとパワーポイントの出来にこだわるのは自然なこと。それは、不作為の罪というか、あなたが何もしないから生まれ出ている現象です。

もし、会議にメンバーが出してきた資料が非常に整ったものだとしても、「よく書けているね」「わかりやすいね」なんて不用意に評価してしまってはいけません。それがそのチームの評価基準になってしまうからです。

むしろ「私に気を遣って映える資料を作るようなことはやめて、内容に注力して時間効率を高めて早く帰ろうよ」くらいのことを言ってしまってもいいでしょう。

◇「壁塗り」の無駄のなさを仕事にも

いちいち完成度の高い社内資料を要求しないこの仕事の進め方を、私は「壁塗りの原則」と名づけています。これは、リフォームで部屋の壁塗りをしているところを見て思いついた言葉です。

壁を塗る時は、下地塗りをして、第一次上塗りに入り、仕上げ塗りを行います。この際、まずは薄くてもよいので壁全体を一度塗ってから、次の行程に入ります。つまり、一部分ずつ丁寧に完成させてから次の部分に移る、という方法は取りません。

これは仕事の成果物を作る際も同じです。最初から完成形を目指すのではなく、**粗く全体を整え、それから何度かに分けて上塗りを重ねて完成物にしていくほうが、効率的で無駄のない仕事になります。**

だから各ミーティングでは、最初から完成物のように美しく、きれいで見栄えの良い作品は要求しない。手書きでもOK。資料がなくてもOK。手ぶらでも良い。対外的に使うきれいな成果物は、下地塗りが何回かできたところで丁寧に組み立てれば良い。だから「壁塗りの原則」なのです。

こうして伝えることで、徐々に、社内会議資料作成に時間をかける人が減っていきました。

もっとも、ムカデ型ミーティングのような高頻度なミーティングを行っていると、資料にこだわる時間などなくなっていきます。２週間に一度というバッタ型ミーティングだからこそ、資料を見栄えのいいものにしようという気になってしまうのです。その意味でもムカデ型ミーティングは「無駄のないミーティング」だと言うことができるでしょう。

8

「島田タイム」

——「週半日」が忙しすぎるマネジャーを救う

◇ 恩師に教わった仕事の極意

いくら仕事を上手にチームメンバーに任せたとしても、マネジャーがまったくヒマになることはあり得ません。ミーティングでのアドバイスはもちろん、突発的なトラブル処理や社内への説明や根回しなど、時間はいくらあっても足りないでしょう。

だからこそ、導入してもらいたい「仕組み」があります。それは、**週に一度、最低半日、手足を動かさずにじっと目をつぶって考えるだけの時間を設ける**、というものです。私はこれを「島田タイム」と呼んでいます。

これは島田隆さんという、コンサルティング会社勤務時代にお世話になった上司が、私のために提案し、命名してくれたアドバイスです。ちなみに私を「史上最強の兵士」「史上最凶の指揮官」と称したのも、島田さんです。島田さんはひどいマネジャーだった私を助けるべく、本当にいろいろなアドバイスをしてくださった恩人です。

ムカデ型ミーティングを導入して以来、チームはうまく回るようになっていきました。「史上最凶の指揮官」と私を表した島田さんも、チームマネジメントが良くなったなと評価してくれるようになりました。

しかし、毎日の作業に追われてどうしても全体を見る視点や長期の視点がおろそかになっていました。ムカデ型でメンバーと伴走するうちに、目線が低くなって、視野も狭くなってしまったのです。

◇とにかく考えろ。手足は動かすな

そのことに気がついた島田さんから、「週に一回、最低半日は、手足を動かさずにジッと自分の席に座り、いまの仕事のでき上がりの状態、次の次の将来展開、そこから逆算した現在の問題点について沈思黙考して考えろ」というアドバイスをもらいました。そして、この時間を「島田タイム」としてスケジュールアプリに入れておくように言われたのです。

実際にやってみると「島田タイム」を習慣化させるのはかなり大変でした。そもそも時間がありませんし、せっかく時間を取っておいても、緊急案件がひっきりなしに入ってきて、用意していた時間がどんどんなくなっていく。

ようやく時間が取れたところで、何か手足を動かしていないと仕事をやっている気分にならないので、パソコンをいじったり、紙に何かを書いたりしてしまいます。全然、考えることに集中できないのです。

それでもなんとか時間を捻出しているうちに、その効果が見えてきました。そして、その後20年以上にわたって、現在でも続けています。

◇「半日の余裕」が、あなたの燃え尽きを防ぐ

仮説を立てる際にはまず「絵を描く」という話をしましたが、そこで重要となるのが想像力です。この想像力の重要性についても、島田さんから教えられたことです。

週のうち半日を使って、手足を動かさず、目をつぶって、頭の中で仕事の最終日の様子を想像する。顧客や役員が、私の提案の発表を聞く姿を想像し、最終提案の内容も想像する。すると、現時点で何が足りないのかが見えてきます。まさに「尻から考える」です。

これは、ムカデ型ミーティングで日々のこまめな管理をしていると、忘れがちなことでもあります。そこで何か大きなリスクや、抜け漏れをチェックできないままに進んでしまえば、最後になって取り返しがつかなくなってしまいます。

その意味でも、毎週半日という大きな資源を投入してでも、この「島田タイム」を持たなければならないのです。

仕事が順調に進んだことで、わざわざ「島田タイム」を取る必要がないこともありました。でも、何もしない時間として、島田タイムはそのままにしていました。そして、それが心の余裕につながっていきました。

私が提唱するこれらの「仕組み」は、マネジャーのあなたが燃え尽きず、余裕を持って、将来のための学習ができるようにするためのものでもあります。そのためには、こうした時間を持つことが決定的に重要になるのです。

確かに、週のうち半日を空けることは大変だと思います。それでも**無理やり、あなたのスケジュール帳に、即時「島田タイム」の予定を入れてください**。それしか、この習慣を身につけるコツはありません。

9 「その場」主義

――拙速は正解

◇結論を出さないミーティングは無意味

この章の最後に紹介したいのが「その場主義」を貫くということです。

複数の人が参加するミーティングでも一対一での対話でも、**「あとで考える」「結論を持ち越す」ことを極力なくして、「その場でとりあえず決める」ことをルール化する**、ということです。

たとえば、ミーティングの際には必ず、暫定でも構わないので「結論」をまとめます。「情報は不十分かもしれないが、とりあえずこの方向で進めてみよう」「この仮説にはまだ穴があるかもしれないが、暫定的にこの仮説が正しいとして、情報収集を進めよう」といったように、必ず結論を出すのです。

「その場主義」は、決して「その場しのぎ」ではなく、「作り込みの完成度は低くても良いから、方向性だけは、早めに決めなさい」ということです。あなたの方向性の提示が1時間遅れれば、チームメンバーの人数分のその時間が空転してしまいます。それこそが、絶対に避けなければいけないことです。

ここで多くのマネジャーは「このままでは結論が出ないので、私のほうでもう一度考えてみる」などと「持ち帰り」をしてしまうことが多いのですが、**「持ち帰り」をやることで実は一番苦しむことになるのはマネジャー自身です。**あとで決めるための時間を作らなくてはなりませんし、その後、メンバーに説明する必要も出てきます。彼らとの認識のギャップも生まれてしまうでしょう。

ならば、チームの皆と議論し、短時間ではあっても濃密な時間を共有している間に、すべての力を出し切ったほうがよほど効率的だということです。

プライドを捨てたほうが、人はついてきてくれる

もちろん「その場主義」の欠点もあります。あとになってもう一度じっくり考えたら、先ほどの結論が間違っていたということはしばしばあるでしょう。しかし、そういうプレッシャーがあるからこそ、その場でしっかり考えようとするという側面もあります。

後に、マネジャー自らが自分の非を認めるということで権威とプライドを犠牲にするリスクもあります。しかし、こんな空虚な権威とプライドにしがみついて仕事をするべきではありませんし、そもそもフラット型の組織においては、こうした権威やプライドは反発を生むだけです。

むしろ、**自分の間違いを認めるリーダーのほうが共感を得られ、メンバーはついてきてくれる**はずです。常に自分の行いを反省し、刻苦勉励し、成長を続けようとする。そういったマネジャーこそが、いまの時代には尊敬されるのです。

※1　参考：「任せて任せず——人の育て方、活かし方（3）」（ウェブサイト「松下幸之助.com」）
※2　参考：「ビデオ会議、対面に代わるか」（鶴光太郎、日本経済新聞、2020/9/16）

第4章

頑張らずに組織が回る「メンバーが自ら動き出す17の仕組み」

Ⅳ メンバーが自主的に動かないと、マネジャーは早晩パンクする

◆いかに「これは自分の仕事だ」と思ってもらうか

前章で紹介したのは、マネジャー自らがチームを先導していくための「仕組み」なのに対し、この章で紹介するのは、チームメンバーが自主的に動いてくれるようになる「仕組み」です。

マネジャーがいくら優秀でも、一人でできる仕事の量には限界があります。メンバー一人ひとりに自主的に動いてもらわなければ、早晩パンクします。

かつての私の「究極の一人プロジェクト」がまさにそうでした。メンバー全員に微に入り細に入り指示をする。メンバーは楽なのでそれなりに満足しますが、こちらの身が持ちません。そして、こちらが忙しくて苦しんでいても、メンバーは「大変ですね」と同情するだけで、こちらの指示をただ待っていて自ら動こうとしない。

かといって、さらにそれ以前の私のように「ウルトラ放し飼い」では、こちらが期待する成果が出るわけがありません。

やる気のある、できるメンバーは黙々と仕事をして、それなりの成果を上げていました。しかし、ほとんどのメンバーは、私と働くことに猛烈なストレスを抱えていました。

しかも、最後の最後になって「これじゃ駄目だ」と介入して、マネジャーの私が仕事を取り上げる。メンバーとしては、「自分はいままで、何をしてきたんだろう」という思いになるでしょう。

どちらも、私の未熟さが引き起こしたことです。メンバーに「これは自分の仕事だ、しっかりやるぞ」というオーナーシップの精神を持ってもらい、かつ、彼らが間違っても倒れないようにきめ細かくフォローするというスキルが必要だったのですが、私にはそれがまったく欠けていたのです。

同じようにやれば、あなたも必ず同じ結果が出る

大事なのは「チームメンバーの視点」でした。**「私が、私のチームのメンバーだったら、どう思うのか」**。この当たり前の視点の重要性に気づいて以降、私もこの視点から、メンバーに自発的な行動を促すための「仕組み」を開発してきました。

ここで紹介するのは、そうした経験に基づいて作り上げた技術です。技術ですから、才能でもアートでもなく、その通りにやればその通りの結果が出るはずです。

具体的には、「①チームメンバーに自分の仕事のオーナーシップを持ってもらい、本気で仕事に取り組む姿勢を取ってもらい」「②仕事オーナーシップの高まったメンバーの精神上のストレス、仕事の失敗のリスクを最小限にし、いざという時、すぐに救出できるようにしておき」「③私との仕事を通じてメンバーに成長してもらう」という三つ

の目標を達成するための方法です。

さらに、いくらフラットな組織といっても、マネジャーとしての信頼と尊敬を勝ち取り続けることも必要です。その上で、メンバーが本音で接してくれて、彼らが仕事にオーナーシップを発揮してくれる。そんな状態を作り上げるための「仕組み」です。

以下、紹介していきたいと思います。

1

カミングアウト人心掌握術

——「ついていきたい」マネジャーになる第一歩

◆昇進遅れマネジャーのプライド

マネジャーになった当初、実は何よりも私を悩ませたのはチームメンバーのマネジメントではなく、「自分のプライドのマネジメント」でした。

私は同期よりも遅れてマネジャーに昇進したことに大きなコンプレックスを抱いていました。当然、メンバーからも「昇進の遅れたマネジャー」というレッテルが貼られています。

ここで、彼らに弱みを見せてはマズい。そんな気持ちが常に先に立っていました。自分の体面を保つため、メンバーとのミーティングでは常に批判モードで、彼らの成果物の欠点、欠陥を探しては、けなしてばかりいました。そうすることで、自分のプライドの崩壊を阻止していたのです。

そのあとの「究極の一人プロジェクト」時代にも、自分のプライドを守るという意識は常について回りました。

すべての実務を一人でこなすということは、自分がいないとメンバーの仕事が回らないということです。つまり**「このチームは私がいないと何もできない」と考えることで、自分のプライドを維持していたわけです**。

その結果はご存じの通り。メンバーは皆「指示待ち族」になってしまい、ちょっと考えればわかりそうなことでも、すぐに指示を求めてくる。自分で「変だ」と思うような兆候を感じても、私が指摘しない限り言ってこない。遅ればせながら指摘すると「はい、そういう問題がありますす」と平気で口にする。

「わかっているんだったら、自分で対処しろよ！」と何度も叫びたくなりました。でも、こうしたメンバーの態度は結局、自分のプライドが生み出したものだったということに気がつきました。

◇できる人ほど、現場に口を出してしまう悲劇

かつての私のようなマネジャーを、いまでもしばしば見かけます。しかも、能力の高い部長、支社長、支店長といった、現場のエリートクラスの人に多いように見受けられます。

個人技では抜きん出た実力を持っているのに、いや、個人技に優れているからこそ、チームメンバーに仕事のオーナーシップを渡すことができないのです。

最初は「放し飼い」にして様子を見ていても、メンバーの一挙手一投足が気に食わず、次第に口を出し始める。そして、ついには怒鳴り散らして指示を出す。あるいはメンバーの頭越しに指示を出して、「あいつはまだまだだから、俺がやってやらないとな」と、自分のプライドを満たして満足している。メンバーはばかばかしくなって、さらにやる気を失う。

こんな悲劇は、現在進行形で、いたるところで繰り返されているのではないでしょうか。

◇私のマネジャー人生を変えた「カミングアウト」

ある仕事で「答えが見つからない」という重大な事態（修羅場）に直面した時、私は、プライドに固執するのをやめてしまいました。

以前は、こうした事態に直面した際、なんとか理屈をこねくり回して、自分でもまったく自信がないにもかかわらず、「これが答えだ」と言い張っていました。

それを**「この仕事の答えは、俺にもわからない」とハッキリ言ってしまった**のです。いわば、カミングアウト。わからないことをわからないと、素直に認めてしまったのです。

続いて、「この難しい課題に立ち向かうには、私一人の力では限界がある。私は最高品質の成果物、実績を作り上げたい。ぜひ、チームの皆に協力してほしい」とメンバーに協力を懇願しました。

その時の彼らのポカンとした顔を、いまでも覚えています。

ほんの少しではありましたが、明確に、空気が変わった気がしました。メンバーも「この人はプライドを捨てて、自分たちと本音で仕事をしたいのかも知れない」と感じてくれたのだと思います。

もちろん、カミングアウトだけで、すべてがうまくいくようになったわけではありません。しかし、このひと言は、確実に私のマネジャー人生を変えました。プライドを放棄したことで、本音でものが言い合えるようになったのです。

そして、フラットな組織を求めるY世代、Z世代にとっては、そんなマネジャーのほうが「ついて行きたい」と思ってもらえるのもまた、事実なのです。

本音をカミングアウトすると、メンバーも対等に接してきます。そんな中で、カチンと来るひと言にプライドが傷つくこともあります。しかし、それによって自分が楽になり、成果も出るならいいではないかと割り切れば良いと思います。

おそらく、多くのマネジャーが自分のプライドに邪魔をされていると思います。そんなものは捨て去ってしまいましょう。

これが「メンバーが自発的に動いてくれる」仕組みのいわば「一の矢」です。プライドを捨て去って、常に本音で語りかけましょう。

2

脱・情報独占
――「知らしむべし。由らしむべからず」で あなたがラクになる

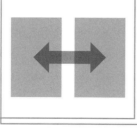

◇ プライドを捨て去ると、怖いものなどなくなる

いったんプライドを捨て去ったら、怖いものはありません。自分がその仕事に関連して**知っていることも知らないことも、自分がわからなくて悩んでいることも、それらを全部、チームメンバーにぶちまけてしまいました**。

これがチーム内での「情報の共有」の第一歩になりました。私は知らず知らずのうちに、フラットな組織に不可欠な「情報の共有」を行っていたことになります。

世の中に千里眼の万能マネジャーなんているわけがありません。必ず弱みも抱えています。すべてを本音でカミングアウトしましょう。メンバーと共同作業をするために、もちろん、わかっていることもすべて共有します。それがメンバーの教育にもなります。

情報でマウントを取ろうとするのは愚の愚

ピラミッド型組織的な「一人プロジェクト」時代のマネジャーとして、私はこの「情報の共有」は最悪の打ち手だと思っていました。当時は「情報独占」こそが権力者にとっての大きなパワーの源泉だと思っていたからです。メンバーの知らないことを懐に入れて、小出しにし続けるだけで、それは、メンバーをひれ伏させるための大きな武器になると思っていました。

それはたとえば、自分の部門の役員の好みや性格、過去にあった同じようなプロジェクトについての情報、他部門での成功経験、顧客について知っている深い情報などといった、ベテランマネジャーだからこそ持てる情報です。これらをメンバーと共有せずに独占することで、簡単に自分の権威を守れました。

メンバーが提出した企画書に対して、

「これでは駄目だよ。君は、あの顧客のことを全然わかっていない。あの顧客は予算を常に重視している。私は前任の○○さんに何度も言われたからわかっている。君は顧客について本当に理解しているのか？」

などと、自分だけが持つ情報で、メンバーに対していわば「マウント」を取ることができたわけです。

そして、それを情報だけでなく、メンバーの能力の話にまで敷衍《ふえん》して、説教していました。

「私の若い頃は、必死で事前にいろんな人にヒアリングをしてから提案書を書いたものだ。少し仕事ができるからといって自分を過信してはいけない。心構えがなっていない。まだまだだな。顧客のことを考えるという仕事の原点がわかっていない……云々」

これでマネジャーは自分のプライドが守られて、大満足。**説教というものは、やっている本人はプライドが大いにくすぐられて楽しいものです。しかし、説教されている人にとってはただの苦痛**でしょう。

マネジャーの言っていることが仮に正しい指摘だとしても、それを素直に聞き入れようとはしないものです。

「脱」情報独占でメンバーが変わり始めた！

カミングアウトですべてをさらけ出した私は、こうした情報独占によるプライドの維持・強化という道を捨ててしまいました。

たとえばメンバーに対して、あらかじめ以下のように伝えるようにしたのです。

「私は、以前にこの顧客とトラブルを起こしてね。この人には、こういう持っていき方をすると駄目なんだよ。自分なりに分析すると、先方の組織力学の問題があるように思うんだよね」

このように、**自分の失敗を積極的にさらけ出し、そこから得られた意味合いを事前にアドバイスすることで、つまらないミスを防いでもらう**ようにし始めたのです。

正直、最初は自分の手の内をすべてさらけ出すことに少し抵抗の気持ちがあったのも事実です。

ただ、こういう方針でメンバーに接するようになってから、少しずつ、メンバーの表情が変わり始めました。そして、メンバーが徐々に、ミーティングで口を開くようになりました。「いま、山本さんが言ったことは、こういう解釈で良いですか?」「先ほどの説明で、わからないことがあるのですが」「先ほどの山本さんの話と、いまの話は矛盾するように思うんですが」――こんな質問が出てくるようになったのです。

これは「知らしむべし作戦」です。何か仕事を一緒に始める時に、わかっている情報はすべて事前に共有する。そして、教育指導に励むわけです。

当初、すべての情報を事前に与えてしまったら、メンバーはそれ以上考えることを放棄してしまうのでは、という懸念もありました。

しかし、現実は逆でした。メンバーは自分たちで考えて、自発的に動くようになったのです。まさに、「由《よ》らしむべからず(頼らせない)」というように、組織が変わっていきました。

いまならその理由がわかります。**フラットな組織においては、情報共有こそがメンバーのやる気を引き出す最初の重要な条件**だからです。

共有すべき情報というのは、単に会社の経営数字や顧客の情報などに限りません。マネジャーである自分の悩みや苦労、そして過去の失敗。これらもすべて共有してしまえば良いのです。

これは現場での意識的人材育成のための教育指導を充実させることに繋がります。かつてのＯＪＴを中心とした現場教育は、ピラミッド型の組織がしっかりできている時だけ可能です。

いまは、就職氷河期もあり、現場のピラミッドが保たれていない企業組織が目立ちます。これではＯＪＴは実現できません。代わって、意識的教育でもある徹底的情報共有が重要になるのです。

この情報共有を経てチームの空気はさらに温まってきました。さらに「三の矢」を放っていきましょう。

3 わからないふりミーティング

——チームメンバーがどんどん自主的に動き出す！

あなたは「答え」を渡してしまっていませんか？

三の矢は、「わからないふりミーティング」です。**答えがわかっていても、あえてわからないふりをするのです。**

「情報共有と矛盾するじゃないか」と思われるかもしれません。ここで「わからないふり」をするのはあくまで、前の章で説明した、あらかじめ考えておいた「仮説」に関して。いわば答えです。

これも前章でお話しした通り、マネジャーは仮説の「絵」を描き、「競争力チェック」「解像度チェック」を経てその仮説を研ぎ澄ましていきます。そのためには3カ月の仕事の最初の2週間のみと限定し、現場を一兵卒として走り回り、人と会いまくり、情報を集めまくる必要があります。この時点での仕事のオーナーシップはマネジャーにありますから、当然のことです。

重要なのは、こうして到達した仮説をどのようにメンバーに渡すかです。自分の元にあった仕事のオーナーシップを、どのようにメンバーに継承させるか。そのためにはどのように仕事を渡せばいいのか。それが大きな課題になります。

仮説を隠すと人はやる気を出す、という発見

「究極の一人プロジェクト」の時代には、ミーティングで私の仮説をメンバーに発表して、その通りに動いてもらっていました。そして、その仮説に基づいて仕事を切り分け、分担を決めれば、それでマネジャーとしての最初の仕事は終わりでした。

しかし、このやり方では、チームの士気は一向に上がりませんでした。当然、期待す

る成果も出てきません。そして、メンバーの間には「やらされ感」の空気さえ漂うようになってしまいました。

最初から答えを言ってしまって指示するから、「やらされ感」が生まれ、やる気がなくなるのかもしれない。そう思って、私は自分の仮説を「隠す」ことにしたのです。

もちろん、全員で共有すべき関連情報はすべて共有します。しかし、自分ではこれが結論だと思う仮説に到達しても、「仮説が見えた」とは言いません。

それを言ったらどうなるか？　自信満々に「わかったよ。答えがね。私の仮説はこれだよ」と口走った瞬間、メンバーは考えることからも、責任からも解放されるかもしれませんが、単に仕事を命令でやらされているだけだと思うでしょう。したがって、肝心の仕事のオーナーシップは、マネジャーである自分の手からいつまでたっても離れません。

「この仕事は自分の仕事だ」と、メンバーに思ってほしいのです。やらされ感ではなく、自ら「自発的にやりたい」と思ってほしいのです。そのためには、マネジャーが自分から答えを言ってしまっては駄目だったのです。

かといって、**「私には仮説が見えている。しかし、教えない。君はどう思うん**

だ?」とじらすのはいやらしいだけです。メンバーからすれば試されているようで、権力者の驕《おご》りを感じるはずです。実際、私も、こういう言い方をある上司からされたことがありました。一気に仕事のやる気が失せたことをいまでも覚えています。だとしたら残された選択肢は「何も言わないこと」しかないのです。

◇「わからないふり」をしたら、仮説が進化した!

仕事のスタート時点や営業年度の最初の企画、計画を話し合うミーティングにおいて、私はある時から、「仮説がわからないふり」をして臨むようにしました(それが、前章でも説明した「机の中に仮説を隠し持つ」ということです。P98参照)。するとと、驚くことに、議論の質がどんどん上がっていったのです。自信を持って仮説を研ぎ澄ましてきたはずの自分にとっても、思ってもいなかったような発見がいくつもありました。

しかも、**「わからないふり」をして共同で仮説を作り上げていくことで、本当に一緒に考え、仕事ができる環境が作り出せる**ことがわかってきたのです。

「さぁ、仮説について議論しましょう。まずはAさん、どう思いますか？」

これが、議論のスタート。自分の頭の中にはしっかりと仮説があり、それは机の中のノートにも汚い字で書かれてはいます。しかし、それを披露することはありません。そして、相手の話をじっくり聞く。その際に使う仕組みは、前章で紹介した「ブレインジャック」です（P103参照）。頭をフル稼働させて、チームメンバーの話に耳を傾けます。

ここで大事なのは「礼儀」です。フラットな組織においては、特にこうした会議の場においては、役職や階層は関係ありません。だから、年下のメンバーに対しても、丁寧に、かつフランクに訊ねるようにします。

「Aさん。あなたの言った×××のところ、面白いね。どうして、そう考えたのか、教えてもらっていいですか。申し訳ないのだけど、よくわからなかったので」

Aさんがしゃべり始めます。その内容と、私の興味関心が重なる時が来ます。まさに「ベン図法」です（P110参照）。

そうして話を聞きながら、頭の中でノートを開き、そこに描き殴られた自分の仮説に、新たに聞いた情報を加えていきます。仮説がどんどん進化していくのが感じられる、楽しいひと時です。

◆軌道修正を図る時、必ず使うべき「質問」とは？

時には自分の仮説とまったく違う仮説を出してくるチームメンバーもいます。ただ、それを否定することは絶対にしません。

「Cさん、どうして、そう考えたんですか？」と丁寧に聞きます。

Cさんがしゃべり始めます。興味深い仮説ではあっても、少し議論を誘導し、すり合わせをする必要を感じたとします。

「Cさん、あなたの観察は鋭い。×××の発見はめちゃくちゃ面白い」

ここで、嘘は言わないようにします。「よいしょ」するような嘘を言っても、すぐにバレます。人道的にもいけないことです。そして、続けます。

「でも、×××だとすると、○○○と考えることもできるんじゃないかな？　実は昔、こんな経験をしてね。あなたはどう思うかな？」

少しでも自分の意見を言う時は、必ず「あなたは、どう思うのか？」と質問します。

いわば、「質問による誘導」を行います。[※1]

前項で「自分しか知らない過去の情報を振りかざすのはNG」と述べました。しかし、こうした場合に経験を持ち出すのはOKです。それは、教育だからです。

過去の経験を棚卸しして共有するのですから、メンバーはプライドを傷つけられることなく、宗旨替えをすることもできるでしょう。

「なるほど。そういうこともあるんですね」

これで、軌道修正は終了です。

◇「ホワイトボードに描いてもらう」作戦

全員の発言が終わり、いよいよ私のしゃべる番ですが、ここに至っても私が自分の仮説を説明することはしません。自分で考えたオリジナル仮説は、ずっと、机の中のノートに封印したままです。

「いままでの話を総合してみましょう。Aさん、悪いけど、ホワイトボードに描いてもらっていいですか。多分、皆が言っていたことは、こういうふうにまとまるんじゃないかな」

このように、皆が話したことだけをベースに整理します。その中には、ブレインジャックで手に入れたチームメンバーの観察事実、思考回路情報も入っていることでしょう。

そして、それらを自分の仮説と融合した「共同仮説」を提示します。

この際、大事なのは、**自分でホワイトボードに描くのではなく、メンバーに描いてもらう**ことです。

「Aさん、まず×××というのが、もともとのテーマである解決すべき課題だったね。左の上に小さく描いてもらって良いかな？　それから、その課題を生み出す要因は、皆さんの意見によると三つあるということだよね……」

これはメンバーに、「ここからはあなたたちの仕事ですよ」ということを伝えるためのお約束の儀式のようなものです。

そして、

「Aさんの意見が最初の要因で×××、Bさんの発見が次の要因で○○○、Cさんの発想がその次の要因で△△△ということで良かったよね。皆の話をまとめるとこういうことだよね。だとすると、こういう打ち手で対策を実行すれば良いということだよね」

と皆の意見、発見、発想を元に仮説をまとめ上げていくのです。

メンバーにとってはまるで魔法のように仮説が出来上がっていくように見えるかもしれません。ただ、これは事前に自分が仮説を立てていたからこそできること。手元に仮説があるからこそ、余裕を持って会議を仕切れるのです。

私がこの方法を用いると、いつのまにか仮説が出来上がっていることに、驚くメンバーも多かったです。そんな時は、「それは、私は君たちより長くこの仕事やっているからね」と答えるようにしていました。ここで経験を訴えるのはＯＫです。

こうして、あとは仮説を元に仕事の分担を皆で話し合って、決めていく。これで会議は終了です。

メンバーがあまりに的外れな発言を繰り返し、このままでは議論が崩壊しそうな時もあります。あるいは、意見がばらけてしまって、どうしてもすり合わせが難しい時もあります。いろいろ話してみたけれども、どうしても突破口が見つからず会議自体が止まってしまう時もあります。

その時初めて、机の中の仮説を出すことになります。机の中に仮説があるからこそ、心安らかにマネジメントできるわけです。

ですが、これはもしもの時のための非常措置、いざという時の最後の切り札、あるいは、安全弁です。こうした非常措置の発動機会は、それほど多くはないと思います。

◇「まとめ屋」くらいに思われているほうがいい

この「わからないふりミーティング」は、見ようによっては、マネジャーは単に「まとめ屋」をやっているだけだと思われるかもしれません。

でも、それでいいのです。「まとめ屋」に徹する。これが、チームメンバーが自発的に動いてくれるためのコツです。

こうすることで、**メンバーはあたかも自分たち皆でこの仮説を作ったように思います**。だからこそ、メンバーはオーナーシップを感じざるを得ないのです。

この「わからないふり」は、メンバーの仕事に対してフィードバックする場合にも効果を発揮します。

明らかに改善すべきだとわかっていても、「ここを改善すると良いかもしれないけど、あなたはどう思う？」と聞く。そして、「じゃあ、いま議論したことをまとめてみようか」と、自分の意見も入れて答えを導き出す。これなら、オーナーシップは相手に渡ったままです。

◇マネジャーの「こう思う」という発言は即、指示になる

仮説は皆を誘導するための下書きの仮の結論であり、いざという時の最後の切り札です。それをチームメンバーにしゃべってしまっては、指示になってしまいます。

もし、マネジャーが自分で細部まで精密に作り、「競争力」「解像度」チェックもすませた仮説をメンバーに話したり、見せたりしたら、彼らはどう思うでしょうか。「待っていればあなたがなんでもやってくれる」と思うでしょう。

これはピラミッド型組織の「指示」と同じことです。メンバーはオーナーシップを持って仕事に取り組まなくなってしまいます。私が「究極の一人プロジェクト」の時代にやってしまった間違ったマネジメントです。

これでは、そもそも目標とする「フラット型組織」は作れません。フラット型組織の目指すところである「自発性」「立場に関係なく誰もが言いたいことを言う」という最

初の重要な条件が、いきなり満たせなくなります。

これは経営学でいう「集団の意思決定のわな[※2]」と呼ばれる現象です。

「集団で意思決定する時に、そこに地位の高い人が混じっていると、その人が自分の意見を言っただけで、それは結論、指示として受け取られてしまう。そのため、参加者全員で本音を出し合って徹底的に議論した結果にはならない」という事態を指します。それだけ、組織の中で地位や権威を持っている人の力は強いということです。

メンバーはマネジャーの顔色を見てしまいます。意思決定の場で、「これが私の考えだ。こうしてくれ」と指示しなくても、**上位者が「私はこう思う」、あるいは「それは違うと思う」と自分の意見をつぶやいただけで、それは指示になってしまう**という現象は、大企業の会議の場などでしょっちゅう起こっています。「忖度《そんたく》」の大きな原因です。

だから、マネジャーはメンバーを前にした時、どういう発言をするかに十分に配慮することが大事です。そうしなければ、肝心かなめの「メンバーを巻き込んでその気にさせる」ことはできません。

4

「評価棚上げ」宣言

――ワイガヤを本当に成功させるには？

◆「ワイガヤ」をやりたがるマネジャー。でも、メンバーは……

イノベーションを起こすには、組織のフラット化により、誰もが自由に発言できる場を作ることが重要。いわば「ワイガヤ」[※3]です。「ワイガヤ」は、本田技研工業で行われていたイノベーションを生み出す「ワイワイガヤガヤ」ミーティングとして、一般に広まった言葉です。「参加型経営」「巻き込み」の手段として多用されています。

ここまで実践してきた仕組みによって、かなりメンバーが話しやすい雰囲気が生まれていると思います。ただ、それでもなかなか口を開いてくれないメンバーはいるものです。

なぜ、彼らは口を開かないのでしょうか。ここもメンバーの立場に立って考えてみましょう。いろいろな要因があると思います。列挙してみましょう。

①　皆の前で話すことが恥ずかしい
②　途中で意見が変わっても発言する機会がない
③　仲間に警戒感があり気楽にしゃべれない
④　自分の意見を否定されるのが怖い
⑤　やはりマネジャーの目が気になる。悪く評価されるのではないかと気になる

それぞれ、対策を考えます。

①、②は、ワイガヤをする際に「1チームを何人で構成するか」で解決可能になります。経験上は、**リーダー込みで5〜6名が最適な人数**だと思います。

10名以上出席者がいるような会議でしゃべる時は、私も緊張します。おまけに、議論の途中で自分の意見が変わっても、なかなか発言の機会が与えられません。かといって、2〜3名だと少なすぎます。

③の「仲間に警戒感があり気楽にしゃべれない」も問題です。初めて会う人や、普段から話をしていない人と一緒にワイガヤをするのは、なかなかきついものがあります。相手がどんな人かわからないので、自分の考えを発言するのがはばかられたりします。

この問題の解決には、**最初は発言が少なくても気にせずに、何度も何度も短い時間でのワイガヤを続ける**ことが一番です。こうしてお互いを知り合うことによって、自然に話しやすい環境につながります。※4

◇メンバーの発言をさえぎるもの、それは「評価」

④の「自分の意見を否定されるのが怖い」もよくあることです。マネジャーは、絶対に出てきた発言を否定してはいけません。発言を途中でさえぎってもいけません。前向きに、明るい雰囲気に持っていくことがマネジャーの務めです。

「違う」と思っても、情報や経験を共有するというスタンスを取ったり、質問をして考え方を変えてもらうように誘導するのです。**マネジャーが何かを否定すると、それだけで場が暗くなります。**そこでは、まっとうな本音の議論はできません。

これらの問題の中で、非常に重要なのが、⑤の「評価」の問題です。しゃべりたいし、しゃべることもあるのですが、マネジャーに「駄目な発言」と思われて、「それが評価に響いたらどうしよう」と思って口を開けないチームメンバーは多いのではないでしょうか。

それはもちろん、メンバーの揚げ足を取って「君の発想はまだまだだ」などと発言をするようなマネジャーがたくさんいたことも原因でしょう。

一方、仕事ができるメンバーが黙りこくってしまうこともあります。実はこれも「評価」と密接に関係しています。

こうした人の中には「自分の担当の、与えられた仕事だけをうまくやれば良い」と考える人もいます。そこで、ワイガヤの場で不用意な余計な発言をして、自分の評価を下げてしまうことを恐れているのです。

つまり、どちらも評価の問題。本来、人を伸ばすための評価がこのように使われてしまうのは、非常にもったいないことです。

◇「藪蛇リスク」にも対応を

そこで効果を発揮するのが「評価棚上げ宣言」です。

たとえば、ミーティングの雰囲気が怪しくなってきたら、私は以下のように伝えるようにしています。

「空気が硬いな。皆の意見が聞きたい。どんなに証拠が不十分な発見でも、感想でも構わない。自信がない意見でも良い。いま議論しているテーマについて、あなたたちの意見を聞かせてほしい。ちなみに、この会議での発言は、評価には一切反映させないことを約束します」

いわばこの**ワイガヤの場だけは、評価の「禁猟区」であるということを宣言するわけです。**このテクニックは、コンサルティング業界のように競争の激しい職場では特に効果を発揮します。

もちろん、いったん宣言したら、約束は守る。それは絶対の条件です。

また、「不用意な発言で自分の仕事が増えてしまう」という、いわば「藪蛇《やぶへび》リスク」も、発言を阻害する要因になりえます。これは主に、ルーティンワークの多い間接部門などで起こりがちです。

ここでも最初に「仕事割り振り棚上げ宣言」をしてしまいましょう。

「どうしたら、いまの仕事の品質を上げられるかについて発言してほしい。その提案で自分の仕事が増えてしまうと思う人もいるかも知れません。でも、信用してほしい。仕事の割り振りは、別の段取りでフェアに考えるから。まずは、仕事の割り振りを忘れて意見がほしいんです」

これも、もちろん言ったからには必ず守らなくてはなりません。

マネジャーの多くは「チームメンバーがなかなか口を開いてくれない」と嘆きますが、その原因の多くは自分にあることに気づくべきです。こうした工夫によって、誰もがなんでも本音で言えるチームをぜひ、作ってほしいと思います。

5

五階級特進作戦

——「誰も発言してくれない」と思ったら

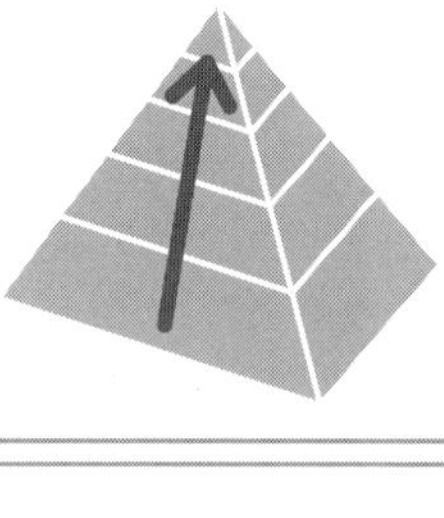

◇新入社員に「役員」になってもらう

チームメンバーに自由に意見を言ってもらうための仕組みをもう一つ。それが「五階級特進作戦」です。

誰だって自分の仕事に限らず、他の担当者の仕事や会社全体について言いたいことがあるはずです。経験の浅いメンバーが何も見えていないと思ったら大間違いで、私も自分の仕事の中で、新入社員のひと言で仮説を変えたことが何度もあります。

しかし、それはなかなか会議の中では出てこないものです。そこで、以下のような言葉で発言を促します。

「あなたが、いま、五階級特進したとする。あなたはまだ役職者ではないから、役員だ。もし、この部門全体の責任を預かる役員だとしたら、何をするかな?」

このように聞くことで、**自分の仕事以外の、より高い視点からの発言を促す**わけです。

ただし、注意しないと、一瞬にしてミーティングの場は凍りついてしまいます。歯に衣着せぬ発言が、現役員の経営批判になってしまうケースが多々あるからです。

だから、以下のようにつけ加えます。

「批判はご法度で。誰々が悪いとか、何々が悪いというような発言はしないようにしましょう。『ここをこうしたら、もっと良くなる』とか、『ここに、大きな改善余地がある』といったポジティブな提言として考えるようにしましょう」

もちろん、それでもネガティブな発言が出てくることはあるでしょう。そうした場合には注意する必要があります。しかし、それ以外の発言はすべてさえぎることなく、絶対に否定せずに聞く。そこから多くの発見があるはずです。

6

「無理です」「できない」は美味しい言葉
——異質を引き出すキラーワード

NG

◇静まり返った議論に一石を投じるには？

空気を読まないひと言、突拍子もないアイデアにヒントが隠されていることは多いものです。いや、むしろそんなひと言から、ブレイクスルーが生み出されることが多いというのが、私の印象です。

そんな発言を阻害するひと言があります。それが、「無理です」「できるわけありません」という言葉です。

たとえば、ミーティングで「あるべき理想の姿を討議してほしい」などという課題を出すと、どんなに面白い革新的な意見が出ても、必ず誰かから「無理です」「実際問題としてできるわけがありません」という発言が出てくるのです。

誰もそれに反論できず、せっかく盛り上がりそうだった議論が一瞬で凍ったようになり、行き詰まってしまいます。私も、そんな光景を何度も見てきました。

こういう事態を想定して、あらかじめ、「『無理』や『できない』という発言は禁止しよう」という宣言をするのも悪くないのですが、ここでは、私がそんな時によく使っていたフレーズをご紹介しましょう。

それは、「『無理です』『できない』は、美味しい言葉だよ」というひと言です。

つまり、こういうことです。

「わが社が、『無理です』『できない』と言っているような課題は、当然、ライバル企業も同じように思っているはず。競争に勝つには差別化するしかありません。他社も同じように思っているとしたら、わが社は、『どうしたらできるんだろう』と考えれば、それが、強力な差別化の武器になる」

実際、私は本気でそう思っています。**「無理」や「できない」という発言を禁ずる**

のではなく、「そこにこそチャンスがある」と伝える。そうすることで、活発な議論が始まるのを何度となく見てきました。参加者が頭をフルに使い始めるのが、見ていてわかります。

イノベーションは異質同士の触れ合いから生まれると言いました。しかし、いくら異質な才能や経験を持つ人を集めても、自由に発言ができなければ、その「異質」を引き出すことができません。

「『無理です』『できない』は、美味しい言葉だよ」というひと言は、異質を引き出すための言葉なのです。

ちなみに、イノベーションのキーワードとして最近よく出てくるのが、「ペインポイント（悩みの種）を探れ」という言葉です。これも「無理です」「できない」に目をつけることで簡単に発見できます。

7

「小学生でもわかる」日本語
――小賢しい社員が議論を停滞させる

◇「かっこいい言葉」を使ってはならない

もう一つ、議論をストップさせてしまいがちなのが、誰かが小難しい経営用語や横文字の専門用語を使いだした時です。訊ねたらバカにされそうで黙るしかなく、議論もそこから先に進まなくなってしまいます。

専門用語の問題はそれだけではありません。こうした用語はえてして非常に漠然とした、抽象的な概念しか表していないことが多く、どのようにでも解釈できたりします。

こうした抽象度の高い言葉を使うと、議論が現実から離れていってしまいがちなのです。

たとえば最近のはやり言葉に、ＤＸ（デジタルトランスフォーメーション）があります。しかし、「ＤＸに取り組もう」という指示をもらったところで、それは、既存の仕事をデジタルで効率化することなのか、デジタルで顧客接点を変えていくことなのか、はたまた、マーケティングの高度化をすることなのか、よくわかりません。下手をすると、手段に過ぎないＤＸという言葉が目的化して、「なんでもいいからＤＸをしなければ」という妙なことになってしまいます。

さらに問題なのは、マネジャー自身が、こうした流行りの専門用語をつい、使ってしまいがちなことです。流行に乗って「よく見られたい」というプライドが邪魔をして、どこかで聞きかじった言葉を使おうとするのです。

チームメンバーの前でいい格好をしたい気持ちはわかりますが、そのエゴとプライドがミーティングの品質を落としてしまっては、元も子もありません。「バズワードの罠」です。

◇「専門用語を使って賢く見せたい」という時代錯誤

そこで、自分への戒めも込めて「専門用語禁止令」を出しましょう。具体的には「小学生でもわかる日本語で議論しよう」とあらかじめ宣言しておくのです。

それでも、専門用語を誰かが使い出したら、どうするか。そんな時はマネジャーである自分から率先して、質問しましょう。

「Aさんの言っている『AI戦略』っていうのは、具体的にやさしく言うとどういうことなのかな？　私は、専門外で、勉強不足でもあり、よくわからないんだよね」

マネジャーが進んで自分の無知をさらすことで、話しやすい雰囲気が醸成されます。

第2章でもお伝えしましたが、いまは情報コストが極めて低くなっている時代です。「専門用語を知っている」ことは、なんの差別化にもなりません。それどころか、下手な使い方をして「それ、解釈を間違っていませんか？」などと言われかねません。

「流行りの専門用語で差をつけよう」と思うこと自体が時代遅れなのです。

8

二重人格のススメ

——超楽観主義と超悲観主義を同時に持つ

◇ メンバーの前に出た瞬間、「明るいリーダー」を演ずる

ここまで紹介してきた施策により、かなりワイワイガヤガヤと騒がしいミーティングの場を作ることができるはずです。

大事なのは、明るく楽しいミーティングの場を演出することです。私もミーティングの場では、努めて明るく振る舞おうとしています。

そうでなくても、マネジャーは常に明るく振る舞うべきだと私は考えています。特に他者といる時は、なるべく明るく楽観的な表情をするようにしています。社内でチームメンバーと会ったらなるべく声をかけ、一緒に談笑する。とにかく明るく、しゃべりやすい雰囲気を作ろうとしているのです。

「自分はもともとネガティブなので、なかなか明るく振る舞うことができない」という人もいると思います。実は、私もそうです。もともと、それほど明るい性格ではない上に、常に不安にさいなまれています。

しかし、職場の事務所に入るまでは暗くて難しい顔をしていても、事務所に足を踏み入れた途端に、明るく振る舞うようにしていました。

ただ、それだけで良いのでしょうか？　明るく、楽観的なだけで、厳しい現実に立ち向かえるのでしょうか？　リーダーが楽観的で緩い空気を作るだけで良いのでしょうか？　それで、リスク管理はできるのでしょうか？　いろいろな疑問の声が聞こえてくるようです。

その通りです。明るく、楽観的なだけではいけません。私は、**リーダーは意識的に「二重人格」であるべき**という強い信念を持っています。

より具体的には「人前では超楽観主義、人のいない時には超悲観主義」という使い分けです。

◇「超悲観主義」で何が悪い！

そもそも、超楽観主義なだけのマネジャーというのは非常に危険です。

大事な仕事をチームメンバーに預け、その細部までチェックできない以上、いつ何時トラブルが起きるかはわかりません。そうしたトラブルへの備えは常に万全であるべきです。そうしなければ、「任せて任せず」は実現できません。

人がいない場面では「超悲観主義」で良いのです。

私自身、もともと気が小さいせいか、メンバーに仕事を任せた直後から心配でたまらなくなります。私がムカデ型ミーティングを開発したのは、こまめにフィードバックを得ていないと不安になってしまうからという側面もありました。

私の場合、前述の「島田タイム」（P134）の際には、この超悲観主義で、最悪の場合何が起こるかをじっくり考えるようにしていました。

失敗恐怖症だった自分。そして、それを救ってくれたもの

メンバーも同じでしょう。彼らも、不安を抱えているはずです。いくら楽しくミーティングをしていても、席に戻った瞬間、目の前の仕事に対する不安に押しつぶされそうになっているかもしれません。

かつての私は「失敗恐怖症」とすら呼べるほど、悲観的でした。失敗して、自分の成績が落ちたらどうしよう。私の失敗で、顧客、役員、会社に迷惑がかかったらどうしよう。そんな不安といつも戦っていました。

一方で、リスク回避ばかりやっていても、自分が成長できないと感じてもいました。自分を伸ばしていくには、ある程度冒険してリスクを取る必要もあります。自分にとって新しいことにも挑戦したい。そんな相克をずっと抱えていました。

私の場合、良い上司に恵まれたことが、その相克から救ってくれました。上司が、私がリスクを取りやすい環境を作ってくれたのです。

私が仕事に強いオーナーシップで取り組んでいる時には、思い切って大きなリスクを

取らせてくれました。自分の仕事範囲を広げてくれる時もあれば、大事な報告会での発表を任せてくれたり、新しい手法への挑戦を認めてくれたりもしました。

そうした上司からの教えと自分のマネジャーとしての経験から、どうしたらメンバーの心労を減らしつつ、リスクテイクを奨励し、かつ最終的な仕事品質や実績のレベルを保つようにできるかという方法を考え、実行してきました。

次の項からは、そうしたリスク・マネジメントについての山本流小技集をご紹介したいと思います。

9

「80点は取れる」宣言

——さらなる挑戦を促すために

◆「上を目指せ」と言っただけで、上を目指すわけがない

「首尾良く仕事が進み、当初の目論見通りに仮説も検証されつつある。すべてが順調です。だからこそ、ここでチームメンバーにもっとリスクを取ってもらい、もっと上を目指した仕事をしてほしい」……そんな気持ちになる時もあると思います。

自分にとって手慣れたテーマで、失敗リスクが低いことがわかっている場合、現状に満足せずにより高い目標を目指してもらいたいと思う時もあるでしょう。

しかし、単に「もっと上を目指せ」と言ったところで、メンバーの心理的安全性が確保されていなければ、彼らは容易に動き出せません。

こういう時は、「わからないふり」をやめて、再び「カミングアウト」モードにチェンジする必要があります。挑戦を促すとともに、メンバーが安心して仕事ができるようにするのです。

そこで私がよく用いていたのが「80点は取れる宣言」です。

◆１００点ではなく「80点」であるところがポイント

具体的には、こんなふうに発言していました。

「チームの頑張りで、この仕事も軌道に乗ってきた。ここから、仮に私が指揮、命令して仕事を進めても、『80点は絶対に取れるだろう』と思います。しかし、それでは、あなたたちとチームを組んで仕事している意味はないと思います。私は、あなたたちと一緒に、もっと高みを目指したい。１００点の答案では満足しない。１２０点、１５０点の点数を取れるように頑張りたい。それだけの個性と才能を持った人たちがこのチームには、集まっていると思います」

「最悪でも、80点取れるところまで仕上げてもらったのだから、少なくともこの80点の合格点レベルの成果は出せる。それは、私が責任をもって管理、監督します。だから、安心してリスクを取ってください、もっと背伸びしてほしいと思います」

「この仕事機会を通じて、チームで最高の仕事をしようではありませんか。顧客が驚くくらいの付加価値を届けようではありませんか。そして、この仕事を人生の誇りとし、我々の成長の糧にしようではありませんか」

つまり**「大失敗することはない。だから安心して挑戦してほしい」と伝える**ということです。

ポイントはあえて「80点」という点数を伝えることです。80点という点数は決して低い点数ではありません。合格点というイメージです。しかし、「100点」ではない。その微妙なニュアンスが「大きな失敗はしないけど、もっと挑戦してもいい」ということを伝えるのにちょうど良いというのが、私の経験です。

◇「必ず勝って帰ってこいよ！」応援歌

もう一つ、チームメンバーに挑戦を促す時に意図的に行っていた、細かい技をお伝えしましょう。

あなたはメンバーを顧客の元などに送り込む際、どのような言葉をかけるでしょうか。

「頑張れ」

「任せたぞ」

「気楽にいけ」

など、さまざまな声がけが考えられると思います。

ただ、私はそのメンバーにかなりの信頼を置いている場合、あえてこのように声をかけるようにしてきました。

「必ず勝って帰ってこいよ！」

このように、笑って声がけするのです。

この言葉には言外に、「あなたは勝てるだけの力がある」という信頼と、「仮に勝てなかったとしても、私が責任を持ってなんとかする」という意味を込めているつもりです。

そして、メンバーが帰ってきた時に、必ず「どうだ、勝ったか？」と聞くようにします。あなたのことをきちんと見ているというサインを送り、かつ、万が一のリスクに備えていることを身をもって示すためです。

以前、この言葉をかけた時に、「勝ち負けじゃありませんよ。首尾よく進みましたよ」とほほ笑んだメンバーの顔をいまでも思い出します。

これも、メンバーにリスクを取って上を目指してもらうための小技です。

ちなみに、これは「ノルマを課して詰める」のとはまるで違います。念のため。

10

「マネジャーはＥＲ」宣言
――トラブル時にどう振る舞うかで、信頼度は決まる

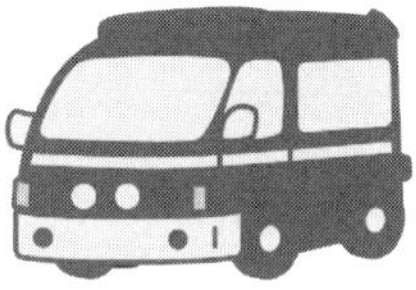

◇そもそも「トラブルをゼロにする」のは不可能

どんなにしっかりした仮説を作り上げても、どんなに悲観的にリスクを予測しても、事前の対応に気をつけても、トラブル、クレーム、チョンボはあるものです。

そして、それは突然発生します。その情報が早めに上がってくれば対応の選択肢もたくさんあるのですが、トラブルが大きくなってからその情報がマネジャーに上がってくると対応は難しくなり、その処理には膨大なエネルギーを消費することになります。

だからこそ危険な予兆が感じられたらすぐにチームメンバーに確認をしたり、ムカデ型ミーティングで常にメンバーの顔色を眺めて異常がないかを雰囲気でチェックしたり、オフィス内をぶらぶらしてメンバーの顔色を見て歩いたりすることで、能動的にトラブルの予兆を感じて、早め早めに対処しておく必要があります。

それでも予想外に、突然、トラブルが発生するのが世の常です。つまり、トラブルをゼロにするのは不可能です。だからこそ大事なのは、トラブルが起きた際、あるいはその兆候が現れた際、なるべく早くマネジャーに報告してもらう体制を作ることです。

そこで功を奏するのが「マネジャーはER（エマージェンシー・ルーム）である」と宣言してしまうことです。

ERとは、「emergency room」、つまり緊急治療室のことです。ERは当然のことながら、24時間365日開いています。それと同様に、何か**トラブル、トラブルの予兆、違和感があれば、24時間365日、マネジャーである自分のところにアクセスしてほしいとはっきり伝える**のです。

◇トラブル時に絶対に守らねばならない「三つの原則」

ちなみにその際に重要なのは、以下の三つです。

まずは、「①チームメンバーが駆け込んできた時に、絶対に叱責しないこと」。

トラブル発生時のメンバーは、精神的に追い詰められています。さらに、自分の責任を追及されると思うと、マネジャーへの報告をためらってしまうのは自然なことです。

しかし、報告をためらっているうちに、トラブルの火が燃え広がり、結局、メンバーもマネジャーも火消しができずに、苦しめられることになります。

だからこそ、どんなトラブルが発生しても、「なんでこんなことになったんだ」「なぜ、ずっと黙っていたんだ」などと叱責しないようにするのです。ERに運ばれた患者に対して「なぜ、こんなことをしたんだ」と叱責するような医師はいません。即時、治療に入るはずです。それと同じことです。

あとは「②原因究明は、トラブル処理に関係が薄い時には後回しにすること」、そして「③トラブル処理に全力を集中すること」です。

これは、言葉で伝えるだけではいけません。**トラブル発生時にマネジャーがどのような行動を取るかは、すべてのメンバーがよく見ています。**

普段から「私はＥＲだ」と言っておきながら、いざトラブルが持ち込まれると取り乱し、メンバーを叱責するようなマネジャーのことは、誰も信用しません。

11

「トラブル処理、謝罪」こそ全力で

――実力を見せるチャンスだと思え

◇「ミスを責めない」ほうがうまくいく根源的理由

いくら「トラブルは責めない」という方針を掲げても、ミスをしたチームメンバーは必ず「すいません」「申し訳ありませんでした」と、申し訳なさそうにあなたの元に連絡をしてくるでしょう。しかし、この状態は実は、極めて危険です。

なぜなら、メンバーは、自分へのマネジャーからの責任追及と、目の前のトラブル処理の両方に意識を分散させてしまっているからです。本来、エネルギーを注ぐべきトラブル処理に、100％の力を注ぐことができなければ、事態はさらに悪化してしまう可能性があります。

だからこそ、トラブルを報告してきたメンバーにまず、伝えてほしい言葉があります。それは、**「マネジャーはトラブル処理担当、謝罪担当である」**ということです。

「謝らなくていい。私がマネジャーをやって、君より高い給料を貰っているのは、こういうトラブル対応が仕事だからなんだよ」

そして、責任追及はしない。もちろん、明らかな悪意や手抜き、サボタージュの場合は別ですが、そうでない場合、トラブルの責任は事前にチェックを怠ったマネジャーにあります。このことも、必要に応じてメンバーに伝えましょう。

これだけのことを伝えてやっと、メンバーは安心して働くことができます。全面的に彼らを守ってあげてください。本物の心理的安全性の確保を心がけてください。

「たった1回の逃げ」で、信用はガタ落ちになる

そしてマネジャーは、実際に、批判の矢面に立たなくてはなりません。クレームの電

話には率先して対応し、謝罪の場には当然、同行する。

メンバーはよく見ています。**一度でも「代わりに謝っておいてくれ」などと言おうものなら、もう二度とメンバーはあなたを信用してくれなくなります。**そして、二度とリスクを取って仕事をしようとは思わなくなります。

メンバーにオーナーシップを持ってもらうのが大事だと言いましたが、この時ばかりは別だと考えるべきでしょう。そうすれば、メンバーのほうから「二度とマネジャーにこんなことをさせてはならない」と、さらなるオーナーシップを持って仕事に取り組んでくれるようになるはずです。

損な役回りだと思うかもしれません。しかし、トラブル処理こそ、経験あるマネジャーの力の見せどころ。マネジャーの本当の実力と人間性を見せるべきなのは、まさにここなのです。

12

9 to 5時間管理
——疲弊したチームメンバーの顔が輝き出す

◆「マネジャーは自由に時間を使える」は大間違い！

Y世代、Z世代は「ウェルビーイング」を重視すると述べました。つまり、安心して仕事をしてもらうために、**マネジャーはチームメンバーの私生活への目配りも欠かすことができない**のです。令和のマネジャーの重要な仕事の一つです。

ただし、それは詳細に私生活に立ち入るということではありません。むしろそれは「昭和のマネジャー」です。

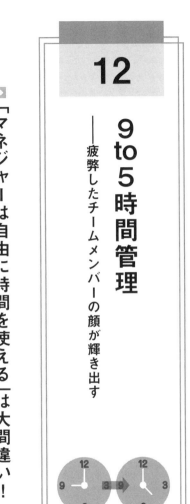

そうなると、できることは限られます。具体的には「時間」です。

私がマネジャーになりたての頃、とても嬉しかったのが、自分の時間を自分で自由に使えることでした。それまではマネジャーの都合で仕事のスケジュールが決められていましたが、その制約から自由になり、自分の私生活の都合も加味して、ある程度、自由に自分のスケジュールを決められるようになったことが、とても嬉しかったことを覚えています。

しかし、そう感じたのは最初だけでした。私のマネジャーとしての力不足から、時間は自由に使えなくなりました。残業、休日出勤も当たり前になりました。

そして身体も頭も疲れる、精神的にも余裕がなくなる。結果として、仕事の品質がどんどん悪くなるという悪循環に陥ってしまいました。

◇オーストラリア人の同僚の働き方に圧倒される

そんな時に、マネジャーとして海外に派遣され、役員（パートナー）もチームメンバーも全員が外国人という環境で1年以上のプロジェクトに取り組みました。

その時に、複数のオーストラリア人のメンバーが、毎日、9時から5時まで猛烈な生産性で仕事をして、ホテルに戻り、アスレティッククラブ、イタリア料理店、そして、ディスコにまで通う姿を見てびっくりしました。

しかも、アジアでのプロジェクトでしたが、金曜日の夜には本国に戻り、日曜日の夜にはまた戻ってくる。絶対に家族と一緒の週末を犠牲にしないのです。

9時から5時以外は、自由に時間を使っていました。それでいて、仕事の品質はとても高い。驚いたのと同時に「理想は、これかもしれない」という気持ちになりました。

◇「月～金」「9時～5時」宣言で目の色が変わった！

そこである時、働き方を180度変えることにしました。メンバーに実力を十二分に発揮してもらうためには、自分ではなく彼らの私生活の時間にこそ配慮すべきではないか。

そこで編み出した仕組みが、「9to5時間管理」です。**「働くのは月～金、9時～5時を基本にしよう」ということを宣言した**のです。「働き方改革」がまだ唱えられていない当時としては異例だったと思います。

もちろん、実際にはそううまくはいきません。コンサルティングの仕事は激務ですから、メンバーに夜遅くまで仕事をしてもらったり、場合によっては、土日に仕事をしてもらうこともありました。

しかし、**「月～金、9時～5時」を仕事時間の原則とすることで、残業や土日出勤は「異常事態」という認識になります。**すると、「仕事を優先するのが当たり前」という感覚から、「異常事態対応には、その分の調整対応をするのが当たり前」という感覚に変わりました。

どうしても深夜に働いてもらう必要がある際には、「じゃあ、代わりにこの日は早く上がれるようにしよう」「代わりに私が別の日に入るから、休んでくれ」などといった調整が当たり前のように行われるようになりました。そこには役職や立場の高低は関係なく、あくまで、各個人が判断する私生活上の優先度、重要度を基準に議論が行われます。

こういうやりとりのあとに、メンバーがやる気を出して、ものすごく効率的に働き始めるという様子を、何度も目撃しました。マネジャーが、メンバーを同じ人間として扱っているということが、彼らにも伝わるからでしょう。

いまは時代が変わり、9時5時で帰ることが当たり前になっているかもしれません。しかし、制度上はそうであっても、**マネジャーが「何を犠牲にしてでも仕事を優先すべき」というメンタリティのままだと、それは必ずメンバーに伝わってしまいます。**

仕事時間がどうも曖昧になっている職場ではぜひ、マネジャーの口から「我々の仕事時間は原則○時〜○時だ」と伝えてみてください。そして、自分の自由な時間を精一杯楽しむようにと言ってあげてください。職場の雰囲気はきっと、変わるはずです。

そして同時に、「その時間内で超効率的に仕事をして、成果を出そう」ともつけ加えてください。

13

「相対的」強み発見法

——「便利屋」で終わらせないために

◇「成長させる仕組み」がなければ、人はどんどん辞めていく

「その職場にいることで自分が成長できる」

こういう意識を持てる職場でないと、チームメンバーはやる気を失い、あげくは会社を辞めてしまう。特にY世代、Z世代はこの傾向が強いものです。

だからこそ、どのようにメンバーを成長させる「仕組み」を作るのかは、マネジャーにとって非常に大きな課題となります。

実は、ここまでご紹介してきた仕組みは、メンバーに自主的に働いてもらうための仕組みであると同時に、「メンバーに成長してもらう」ための仕組みでもあります。**人は、自分の仕事にオーナーシップを持ち、やりがいを持ってそれに取り組む時、最も成長する**からです。

その上で、ここではその成長をさらに加速させるための仕組みをご紹介しましょう。それは、「そのメンバーの『相対的』強みを発見し、まずその強みを伸ばす」ということです。

これは、私の人材育成の大原則でもありました。たとえ駆け出しの新人でも、なんらかの得意技を持っているはずです。交渉がうまい、文章を書くのがうまい、デジタルについて詳しい、などです。

それは、周りの人と比較しての強みという意味での「相対的」ということではありません。その人の持つ各種のスキルの中で「相対的」に強いスキルという意味で考えてください。

そして、それを見つけたら、その分野を伸ばしてもらうべく、仕事をアサインするのです。

すると、そのメンバーは、自分でも「相対的」に強い分野であるから、自信と興味を持ってその分野に取り組んでくれるようになります。当然、成果も出ます。そして、さらに自分の能力に自信を持ち、それを磨こうという気になっていくものです。

こうして、自分の中での「相対的」な強みにさらに磨きがかかり、いずれ絶対的な水準でも十分に評価できるだけの強みに変わっていくのです。

◇文系出身の私が「数字」で勝負できた理由

これは、集中（フォーカス）の強みを活かすやり方です。あれもこれも手がけ、自分の不得意で苦手なものも同時に磨こうとすれば、努力が分散して、どれもこれも必要臨界量までの努力投入ができないことになります。そして、成果も出にくくなります。

しかし、**自分の得意だと思う分野にすべての力を集中すれば、結果として伸び方のペースは、非常に速くなります。**

一つの分野で力を磨くことができれば、少なくとも社内でその分野については、自信を持って生きていくことができるようになります。そうすれば、他の苦手分野や、新しいことを学ぶという投資のための貯金もできると思うのです。

これは、自分の経験から導き出されたものでした。

私が経営コンサルタントとして仕事を始めた時は、経営については皆目わかりませんでした。ただ、数字をいじったり、分析するのは好きでした。とはいえ、私立文系出身の私ですから、その能力はその道のプロに比べたら、比較にならないほど低いものでした。何しろ当時の同僚の中には、理系の大学院出身の人もたくさんいたくらいです。

でも、私はその強みで勝負させてもらいました。その結果、仕事が楽しくなり、成果が出て、実際に活躍できるようにもなっていったのです。

◇できる人ほど「便利使い」され、成長が止まる悲劇

しかし、「得意分野を伸ばす」だけでは、いずれ伸びが止まってしまう時が必ず訪れます。**「特定分野に猛烈な強みを持っている人は、全人的に成長しにくい」**という法則があるようにさえ思います。実際、そういう事例をたくさん見てきました。

特定分野で社内ナンバーワンの人は、各所で引っ張りだこになります。マネジャーも

また、その人の得意な分野を活かせる同じような仕事ばかりを振ってしまいがちです。メンバーも、得意な仕事をやっていれば楽に成果が出せます。使うほう、使われるほうの双方が、楽な道にいってしまうのです。

そして、いろいろな人に褒められ、自分でも「この分野だったら自分が一番」というプライドを持つようになります。

新しいことを習得するには、プライドを捨てて、ゼロから学ぶ姿勢が必要です。しかし、こういう人はプライドが邪魔をしてそれができない。さらに、いろいろな人から頼られることで仕事が増え、自分の勉強に時間が充てられない。その結果、**プライドが高いだけの狭い分野の専門家として、会社にいいように便利使いされていたことに気づく**ことになるのです。

このような状況になっているとしたら、マネジャーはそれを、はっきりと伝えなくてはなりません。

「あなたの数字を使った分析力は確かにすごい。しかし、提案書、報告書をきちんと書く力や顧客に発表する力を改善すべきだ」

メンバーは嫌な顔をするかもしれません。しかし、ここがその人が成長できるかどうかの分水嶺です。あえて厳しい言葉で覚悟を促しましょう。

「ここで、苦手分野の勉強を始めなければ、自分の弱みを補強するチャンスを失ってしまうかもしれない。強みだけで生きていくこともできるし、それは楽でもあるけれど、楽になれば勉強しなくなる。自分の人生に限界を設けることになる。そして、あなたという人のスケールがこぢんまりしてしまう。一生、便利使いされるだけの人になってはいけない」

マネジャーにとっての至福の瞬間とは？

苦手分野の克服も「集中の原則」で行うべきです。つまり「あれもこれも」学ぼうとするのではなく、追加の一分野だけを手がけるように指導するのです。そうして一つひとつのスキルレベルを臨界点にまで持っていくほうが、結果として着実に、確実に使えるスキルセットができ上がります。

あなたが本当にアドバイスすべきは「どこに集中するか」、つまり「時間資源」の配分に対してです。

「すべての弱点を同時に克服するのは、時間の制約からいっても、効率からいっても無理だと思う。まずはAに集中して取り組んだらどうだろう？　Aが改善すれば、仕事の全体品質がアップするし、この分野はいまでも改善傾向にあるからね」

つまり、改善効果のインパクトが大きそうで、取り組みやすそうなものから取り組むことを勧めるわけです。

マネジャーとして一番嬉しい瞬間があります。それは、**一緒に仕事をしてきたメンバーが成長して、本当に任せても大丈夫になり、ふっと自分の仕事が楽になる時です。**それこそが、マネジャーの醍醐味とすら言えると思います。

14 ドタキャン作戦
——オーナーシップを引き出す劇薬

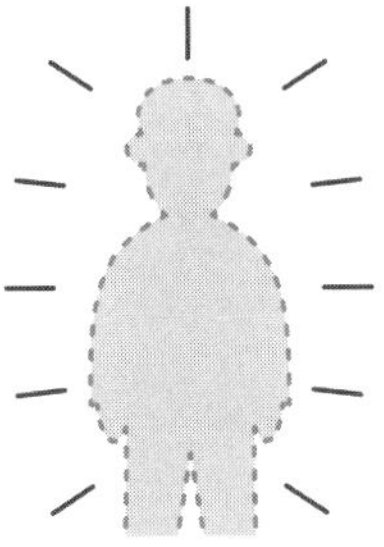

◇「やっぱり自分も同行するよ」は最悪

さて、嬉しいことにどんどんチームメンバーが育ってきたとします。

自分の実力以上に上を目指して、新しいことに挑戦する意欲と行動力のあるメンバーは、思わぬ落とし穴に落ちないかどうかだけに気をつけて、しばらく放っておいてもいいでしょう。

問題は、力はあるのに挑戦しないメンバーです。たとえば、もう十分独り立ちできるのに、顧客訪問の時にいつも同行を求めてくるようなタイプです。

確かにマネジャーと一緒に行動すれば、気が楽です。顧客との間で行き違いが起こりそうになってもすぐにマネジャーがカバーしてくれます。でも、このままではいつまでたっても独り立ちすることができず、成長することもありません。

無理やり「一人で行ってこい」と送り出してもいいでしょう。ただ、その場合、必ず任せきる必要があります。たとえばメンバーを一人で行かせようと思っていた顧客訪問の前日、提案する書類をチェックしたところ、どうも出来が悪い。そこで「明日は、やっぱり私も行くよ」と同行するようなことは最悪です。

メンバーもほっとする半面、潜在意識では、一人で行けなかったという敗北感を抱いているはずです。そして、マネジャーへの依存体質が身についてしまいます。

◇ドタキャンOKなケース、ダメなケース

ここでご紹介したい、彼らを独り立ちさせるための作戦があります。それは劇薬です。「ドタキャン作戦」と呼んでいます。

顧客訪問をするに当たって、直前まで、メンバーと一緒に行くことを前提に仕事の具合をチェックします。そして、**最終的に「これならいける！」と思った時、「やっぱり一人で行きなさい」と送り出す**のです。そう、メンバーとの同行を「ドタキャン」するのです。

メンバーは大慌てで、「どう顧客と対話するのか？」「顧客が、質問や要求をしてきたらどうするか？」と、頭の中はいっぱいになるでしょう。そして、ギリギリまで準備する。だからこそ、成長するのです。

そして、一人で行った訪問先での仕事がうまくいけば、自信がつきます。マネジャーが直前まで見ていたのだから、失敗する確率も少ないはずです。

もちろん、「ドタキャン」する訪問先は慎重に選ぶ必要があります。マネジャーが来ないことに腹を立てるような相手は、もちろん選びません。万が一の失敗の時には、一本電話すれば事なきを得るくらいの関係の相手の時だけ実行します。

実際、私も自分が一番成長した手ごたえを感じたのは、こうしたドタキャンを、私の成長のために、慎重に、かつ愛情をもって見守ってくれながら実行してくれた上司と仕事をした時でした。

15

「実録　仁義なき戦い」
——チームメンバーを本気にさせる裏ワザ

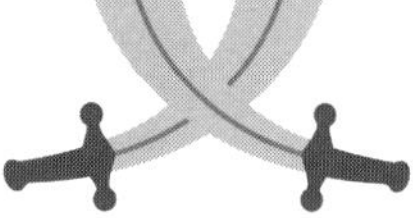

◇できるメンバーが持つ「二つの顔」とは？

「マネジャーはチームメンバーと張り合ってはならない」のは、当然のことです。メンバーを主役に、彼らの力を引き出すのがマネジャーの務めです。任せて任せずの実践が大事です。しかし時には、メンバーと真剣に張り合うことが効果的な場合もあります。名づけて「仁義なき戦い」作戦です。

この対象になるのは、いわゆる「できるメンバー」に対してです。

こうしたメンバーは二つの側面を持っています。一つは、さらなる成長に向かってどんどん前に進もうとする「野心家」の顔。この時は、後述する「領土割譲作戦」で対応します。

問題は、せっかく力はあるのに、仕事にイマイチ本気が出なくなってしまっている「お休みモード」の顔の時です。

手を抜くわけではないけれど、八分の力で仕事をこなそうとする。「少し、流そうかな」という感じです。優秀なので、それでも仕事は十分こなせてしまいます。

もちろん、ちょっと疲れがたまっていたり、燃え尽き寸前になっていたり、という理由がある場合は、しばらく見守っているべきでしょう。個人的な悩みを抱えているのかもしれません。この場合も見守るしかありません。

しかし、そうした事情もなく**スイッチが入らないままでしばらく時間が浪費されると、当人の伸びが本当に止まってしまう**危険性があります。それは非常にもったいないことです。

そんなメンバーに火をつけようと説得したり、飲みに連れていったりして尻を叩いても無駄です。本人はあくまで冷静に、表情も変えずあなたに対応するでしょう。

◇一番難しい仕事を与え、そこに全力でコミットする

こういうメンバーを本気モードに切り替えるためには、そのメンバーの心の中の安心感を揺さぶるしかありません。そんな時、私が実践して非常に効果的だったのが「メンバーに挑戦し競い合う」ことでした。

そもそも、「ちょっとお休みモード」に入ることができるのは、「8割の力で仕事がこなせる」という安心感があるからに他なりません。だとしたら、その安心感に外から刺激を加えましょう。そのメンバーに「一番難しい仕事」を与えるのです。

その仕事すら、優秀なメンバーは8割の力でこなしてしまうかもしれません。そこで、今度はマネジャーもその仕事に全力でコミットします。

一番難しい仕事を与えているわけですから、初速の「一兵卒」モードで仮説を作る段階と同じように、自らも現場に出ます。そして、そのメンバーと競争をするように、自分も仕事をやります。メンバーに任せっきりにするのではなく、例外的に、どんどん自分でもハンズオンで進めていくのです。

◆明るさの裏に「恐怖」を感じさせる伝え方

これではメンバーがオーナーシップを持てなくなってしまうではないか、と思われるかもしれません。しかし、大丈夫です。こういうできるメンバーは、決してオーナーシップを手放したりしないものです。

そもそも、彼らがこのような態度を取れるのは、「黙っていても80点は取れる」という安心感があるからです。しかし、マネジャーのコミットによってその安心が覆されそうになっている。その不安によって、メンバーのお尻に火がつくのです。

その際には、明るく「仁義なき戦い」宣言をすることが大事です。「これは難しい仕事だ。私もやる。一緒に競争しないかい」とでも言ってしまえばいいでしょう。**明るいのに、ちょっと恐怖を感じさせる。**そのくらいの塩梅《あんばい》がちょうどいいのです。

あえてゲーム感覚で戦いを仕かけるのです。「この人は、まだ本気じゃなさそうだけど、本気になったらマズイ」……そう思わせたら大正解。相手に火がついたと感じたら、さっさと退散しましょう。

16

自ら進んで領土割譲
――チームメンバーと張り合うのは下の下の策

◆できるメンバーがマネジャーに挑戦してきたら？

本章の冒頭にて、私がプライドを捨てたことが、マネジャーとしての大きなターニングポイントになったという話をしました。

それでも、プライドというのは御《ぎょ》しがたいものです。捨てたと思ったプライドが、チームメンバーとの関係の中でむくむくと盛り上がってきて、「悪さ」をすることもあります。

中でも、「できるメンバー」との関係に悩んでいる人は多いのではないでしょうか。

「野心家」の顔をしたメンバーが、マネジャーに挑戦してくるのです。まるであなたの追い落としを図るがごとく、マネジャーの仕事にどんどん割り込んでくる。そして「マネジャーなんていらないね。私が全部やっているわけだから」とまで口にする。言葉にはしなくても、そんな自信が表情にありありと浮かんでいる。あなたもさすがに、他のメンバーはどう思っているのだろうかと不安になる。

するとプライドが邪魔をして、ついつい妙な対応をしてしまいがちです。揚げ足を取ったり、あら捜しをしたりして嫌な思いをさせるのは、不健全です。そのメンバーがさらに上のマネジャーにクレームをつけてきたり、会社を辞めてしまったりするリスクもあります。そもそも、内輪もめで時間を浪費している余裕など、忙しいマネジャーにはないはずです。

かといって、ここで「高みの見物」を決め込むわけにもいかない。本当に自分の仕事を奪われて、自分が御用済みの烙印《らくいん》を押されてしまうかもしれない。やっかいですね。

◇仕事を奪われる前に、与えてしまえ

では、どうすればいいのでしょうか。

「自ら進んで領土を割譲してしまえ」というのが私のたどり着いた答えです。**マネジャーである自分の仕事を、奪われる前にどんどん与えてしまう**のです。

そして、自分はさらに上の視点で、自分の仕事を根本的に見直します。マネジャーである自分にしかできない仕事は何か。それは、新規ターゲット顧客との人間関係の構築だったり、新規ルートの開発だったり、いろいろあるはずです。自分のさらに上のマネジャーの領土を割譲してもらうよう、働きかけるのも良いでしょう。

そして、割譲したことでできた時間で、どんどん勉強しましょう。そして、新しいことにどんどんチャレンジするのです。

ライバルであるメンバーには、こう言いましょう。

「ありがとう。あなたのおかげで、マネジャーとしての私の業務量は大きく削減された。これで前々から会おうと思っていた見込客の社長との会合ができるよ」

「あなたのおかげで時間ができたよ。この仕事に関連しそうな外部の専門家の意見聴取に行けるよ。面白い発見があったら、すぐに、フィードバックするからね」

別に嫌味で言うわけではありません。実際、**ライバルであるメンバーが自分の仕事を奪ってくれた時こそ、マネジャーがさらに二段、三段と伸びるチャンス**なのです。

そして、マネジャーの立場を超えた、さらに上の立場の視点からのアドバイスをメンバーにする。おそらく、自分を見る彼らの目も、徐々に変わってくるはずです。

17

ネアカ評価

――たったひと言の「言い換え」で、人は大きく育つ

◇「褒めてから、問題点を指摘する」はもう通用しない!?

チームメンバーを育成する大事なチャンスは、評価とフィードバック時にあるというのは、常識です。自らの体験も踏まえ、私はメンバーを伸ばすために特に大切なのはフィードバックだと感じています。

ただ、これもよく言われていることですが、**人前で悪い点を指摘するのは絶対にNG**です。周りの目が気になって、反省どころではなくなってしまいます。悪いこと

を伝える際には、他の人の目に触れない場所で、というのが大原則です。

加えて、私がお勧めしたいのが「ネアカ評価（フィードバック）」という仕組みです。

この文脈でよく語られるのが、「まず褒めてから、問題点を指摘する」というテクニックです。しかし、「君はすごく頑張っている」と最初に褒められても、聞くほうはそれを枕詞《まくらことば》としか思わないかもしれません。その次に「弱み」を伝えるために、まずは褒めようという作戦だなと思われてしまうからです。だから私はあえて、そのような手を使いません。

◇「改善点」は非常に便利な言葉

代わりに気をつけるようにしたのが、言葉遣いです。強みの部分は「強み」という言葉で良いのですが、「弱み」という言葉は絶対に使いません。代わりに「改善点」という言葉を使うのです。英語でいうと、「Areas for improvement」でしょうか。

そして、**「強みと弱み」ではなく、「強みと改善点」を伝えます。**

「あなたの強みは×××。これは、もっと磨きましょう。それから、○○○の部分をもっと良くしよう。この部分が改善されると、全体がもっと良くなるよ」といったようにフィードバックをするようにします。

改善点を指摘する以上、改善の「やり方」についてもアドバイスする必要があります。実際、私の経験でも、フィードバックの言葉で一番印象深く、いまでも思い出すのは、「改善のために×××したら、あなたは伸びる！」というアドバイスです。

前述した、大変お世話になった元上司の島田さんからのアドバイスが、まさにそれでした。強みと改善領域を指摘してくれたあと、改善のために具体的に「こうしたらいいよ」というアドバイスをくれたのが、一番大事なフィードバックでした。

「島田タイム」（P134）も、そうした島田さんのフィードバックからの学びでした。そして、そのアドバイスは私の中で、いまでも重要な位置を占めているのです。

だから私も改善のための方法、つまり**「君がこの部分を改善するために、こうするといいよ」という部分にフィードバックの力点を置く**ようにしているのです。

この改善方法のフィードバックについては、①改善のためにあなたがやること、②改善を支援するために、マネジャーの私がやること、③そのために、組織としてやれること、という三つのポイントを押さえるのが理想でしょう。

具体的なアドバイスとともに「あなたは絶対に伸びる！」と、明るく背中を押してあげましょう。

※1　出所：『問いかける技術』（エドガー・H・シャイン著、英治出版）
※2　出所：「多様性を生かす組織論（4）会議には『偉い人』を加えない」（鈴木竜太、「経営学はいま」日本経済新聞、2014/1/22）を参考に作成。
※3　出所：『ホンダ流ワイガヤのすすめ――大ヒットはいつも偶然のひとことから生まれる』（本間日義著、朝日新聞出版）
※4　出所：「多様性を生かす組織論（3）職場のレイアウトに工夫」（鈴木竜太、「経営学はいま」日本経済新聞、2014/1/17）を参考に作成。

第5章

ぶれないマインドを生み出す「8つの行動原則」

V

まずは「行動」。マインドはあとからついてくる

◆「マネジャーたるもの、ぶれない心を持つべき」は本当か？

本書の最終章では、チームメンバーと一緒に結果、実績を出し続けるためのマネジャーの「マインド」についてお話ししたいと思います

「マネジャーたるもの、強いマインド、ぶれないマインドを持つべき」

「メンバー一人ひとりを大切にし、公平に愛情を注ぐべき」

そう考える人も多いと思います。

私もそう考えるべきであると思っていました。しかし、自分のマインドを変えるというのは、難行でした。特にX世代より少々上の世代の私にとって、最後まで苦しんだのがこのテーマでした。

何度も自分のマインドを変えようと努力しました。ぶれない心を持とうと努力しました。「他者を好きになろう」と努力しました。しかし、なかなかうまくいきませんでした。

特に、「最凶のマネジャー」と呼ばれた時代には、私も、いま真剣に自分のマインドを変えなければあとがないと考えていました。いろいろな人のアドバイスを聞き、さまざまな本を読みました。哲学書、宗教書、歴史書などに解決のヒントを求め、関連書籍に耽溺《たんでき》していた時期もありました。

しかし、なかなか変わることができませんでした。

「自分を捨てろ。無私であるのが重要だ」と学べば、学んだその日は深く納得します。「毎日、良い思いを抱け」というようなアドバイスに接すると、「明日から、やるぞ！」と決心し、期待に満ちて眠りに入りました。

ところが、翌朝の通勤途上でもう、昨夜の誓いは破られることになります。満員電車で押されて、「ムカッ」とした瞬間に、「無私、無私」と唱え自分をなだめる。会社でイライラするような出来事に遭遇するたびに、「無私、無私」と唱える。しかし、夕方になった頃には、「もう耐えられない。無私と唱えても、なんの効果もないではないか!」と絶叫したくなっていました。そんなことを何十回と繰り返しました。

◆崇高な思いなどなくていい。「行動」で人は変わる

そんな私が変わったのは、とにかく「行動」を起こしたあとからでした。

コンサルティング会社に転職して最初の頃は、とにかく最高水準の仕事をしたいと思い仕事に励みました。その動機は同僚のライバルとの競争に勝つためであり、あくまで自分が勝ちたいという利己的な目的を達成するためでした。

第1章でも書きましたが、そのうち「顧客に貢献する」というやりがいを見つけました。その後、ここで説明してきた「仕組み」によってメンバーと一緒に成果を出し、一緒に成長するという喜びを覚えました。その頃になって初めて「他者に貢献する実感

で、仕事にやりがいを感じ、仕事を楽しむ」というポジティブな感情が生まれてきたのでした。

私のマインドは、**「マインドを変えよう」と決意し、それからマインドを行動に反映させようとするアプローチでは、全然変わらなかった**ということです。

もっとも、転職時にもそもそも、崇高な目的を持って行動を起こしていたわけではありませんでした。あくまで利己的な人間でしたから、仕事で実績を上げたいという自己愛を満足させることが大きな動機でした。

いまでも、自分のターニングポイントになったのは「これからは、顧客の成功のために仕事をする」と決意した時だったと思います。

ある日突然、マインドが変わって、そう思えるようになったわけではありませんでした。しかし、一匹狼のような自己愛に満ちた私でも、可愛がってくれる顧客が現れました。そんな顧客に喜んでもらいたいと頑張れるようになりました。そして、頑張るほどに「もっと顧客から頼られたい」という気持ちが強くなっていきました。自己中心的な私が、初めて他者への貢献ということを意識した瞬間でした。

面白いもので、顧客からの感謝の言葉に接する頻度が増えれば増えるほど、自己愛の気持ちがどんどん心の奥底に押しやられていくのです。そして、徐々にではあるのですが、マインドそのものも変わってきたのを感じたのです。

行動→評価→マインドの変化というのが現実であるということを痛感しました。そしてマインドが変わると、新しい行動を継続することもできるのです。

◆メンバーに対する「甘え」はないか？

しかし、顧客を愛せるようになったからといって、すぐに「メンバーを愛する」という気持ちになれたわけではありませんでした。

「チームメンバーは仲間だ」という意識は、最凶のマネジャーと呼ばれた時代にすら、私の心の根底にあったと思います。では、なぜ、メンバー思いの仕事ができなかったのか？　彼らを不幸にしてしまうような「最凶のマネジャー」になってしまったのか？

その原因は、メンバーに対する「甘え」だったのだと思います。「ウルトラ放し飼い」で彼らを放置して、最後の最後で仕事を奪ってしまっても、「彼らはわかってくれるはずだ。私は、メンバーは仲間だという意識を持っているんだから」と思い込んでいたのです。

あとから考えれば、まったくもって幻想に過ぎません。メンバーは私のことを仲間どころか、目の上のたんこぶ、あるいは追い落とすべきライバルだと思っていたことでしょう。

しかし、どうしても仕事がうまく回らない。マネジャーとしての悪評判は轟きわたり、体力的、精神的にも限界を迎えました。そこで私は「行動」を変えたのです。「究極の一人プロジェクト」を始めた際、初めてメンバーから評価され、喜んでもらった時の嬉しさを、いまでもよく覚えています。評価されたこと自体も嬉しかったのですが、それ以上に、メンバーが余裕を持って、安心した顔をしていたのが嬉しかったのです。

そして、気のせいかも知れませんが、メンバーが本当の仲間になってきたように、初めて感じられてきました。以前、勝手にメンバーを仲間だと思い込んでいた時とは、明らかに違う感覚です。

◆マインドを変えるより「行動」を変えるほうが早い

結局、この「究極の一人プロジェクト」もうまくいかず、その後私は「仕組み」作りを始めることになりました。この仕組み作りは非常に面倒ではあったのですが、それによってメンバーの嬉しそうな顔、真剣に自分の仕事に取り組もうとする態度、そして、良い結果、成果につながることがわかってきました。おかげで、私もやる気を持って進めることができました。

メンバーが働き、成果を出し、成長し、そして喜んでくれる。そういうメンバーの姿を見て、私も嬉しくなる。なんというか、彼らからすごく良い空気を送ってもらっているような感覚がありました。そして、それに感動すらしました。

すると、いつの間にか心の奥底の黒い気持ち、たとえば**「メンバーに弱みを見せてはならない」「自分が一番偉くなければ気がすまない」「絶対に服従させてやる」といった思いが、くだらなく思えてきた**のです。

だから私は、「マネジャーたるもの、強いマインドを持て。メンバーを愛せ」とは言いません。そんなきれいごとは、おそらく現場で苦しみながら働いているマネジャーの方々には、単なる精神論にしか聞こえないはずだからです。

そう、まずは行動あるのみ。メンバーにいかに気持ちよく働いてもらうか。メンバーにどのように成長してもらうか。そうした「行動」を経て初めて、自分のマインドも変わっていくのです。

本章で紹介する仕組みは、時に「自己犠牲」と思われるようなこともあると思います。ただ、メンバーのためにマネジャーがプライドを捨て、時に自分が犠牲になることは、結局は自分のためでもあるのです。格好良く聖人のふりをして私心を捨てるのではなく、あくまで良い仕事のためであり、自分のため。まさに俗人の発想ですが、それで良いと思います。

少し、前置きが長くなりました。いよいよ、本書の仕上げに当たる「マインドを変える行動の仕組み」について、ご紹介していきたいと思います。

1

「自分史」語らせ作戦
——良好な関係を築くための秘策

◇自分を知ろうとする人に、相手は好意を持つ

最初に紹介するのは、「チームメンバーの自分史を聞く」というものです。

私は「このメンバーとは仲良くなりたい」と決めたら、タイミングを見て、**その人が歩んできた過去の話を根掘り葉掘り聞く**ようにしています。出身地、家庭環境、小学校からの学歴、どういう経緯でいまの仕事に就いているのか。さらには仕事の課題、人生の目標・課題、個人としての趣味・関心など（もちろん、了解を取って聞いていいことだけを聞かせてもらいます）。

こうした話を折に触れて聞くマネジャーは多いと思いますが、私の場合、それを徹底的に、かつ包括的に行います。

その行為自体が、メンバーに関心を寄せていることの表れでもあります。人間誰しも、自分に関心を向けてくれる人には好意を持つものです。関心を向けることで、マネジャーに親しみや好意を感じ始めてくれるかもしれません。そして、マネジャーの側も、相手のことを知れば知るほど、相手に対する好感が生じるものです。

まさに「行動を変えればマインドが変わる」典型が、この「自分史を語ってもらう」ことだと思います。

◆自分史を聞くことの、本当の目的

ただし、話をただ聞いているわけではありません。相手になり切るように、相手の思考回路を理解しようとし、相手の関心と自分自身の関心の共通集合を見つけだそうとします。そう、「ブレインジャック創造思考」「ベン図法」です。

そこで共通点が見つかればしめたものです。出身地や出身校はもちろん、学んできた分野や、経験してきた仕事、趣味などに共通点が見つかれば、一気に親近感は高まります。同じような悩みを持っているとわかったことで、距離がぐっと縮まったこともあります。

ただ、ここまでは多くのマネジャーがすでにやっていることかもしれません。「自分史を語らせる」ことの本当の意味は、その**メンバーが仕事や人生においてどのような関心を持っているのか、どのような課題を持っているのかを知る**ことにあります。

たとえば、メンバーと話した結果、あるスキルの開発に関心を持っている一方、そこに苦手意識を持っていることがわかったとします。ならば、仕事の中でその分野に関係する場面があれば、アドバイスを積極的に行うようにします。メンバーが自ら成長したいと思っている関心領域を、仕事を通じて達成できるように仕向けていきます。

何度も述べてきたように、Y世代、Z世代は、「この職場で自分が成長できるかどうか」に非常に敏感です。自分史を語ってもらうことは、メンバーの成長について考えるための基本作業ともいえるのです。

もちろん、プライバシーに関しては慎重に配慮しなくてはなりません。マネジャーが自分の地位を利用して根掘り葉掘りプライバシーを暴こうとしているように思われてしまってはＮＧです。それこそ「パワハラ」です。

初対面のメンバーにいきなり自分史を語らせるようなことは、さすがに私もしません。ある程度良い関係ができてから、徐々に、相手が話したいことだけを聞くようにします。そして、私がメンバーに関心を持っていること、そして、聞いたことを他言しない人であるという信頼を得てから、さらに深く聞いていく。この段取り作りが大事です。

「壁塗り」のように何度も何度もヒアリングを繰り返し、メンバーの全体像を知っていくのです。そうして自分史を聞き切ったと感じた時、おそらくそのメンバーと自分との間には、強い信頼関係が芽生えていることでしょう。

2

「三つの目標」宣言
——若手のやる気を引き出すには必須の方法

◆「パーパス」「存在意義」は当たり前

Y世代、Z世代は会社よりも社会に関心を持っている。このことは何度もお話ししてきました。

そんな世代に対して「今期の売上目標必達」だとか、「会社の危機を救うために頑張ってほしい」などと言ったところで、馬耳東風《ばじとうふう》かもしれません。しかし、いまでもほとんどのマネジャーがプロジェクトや新年度のスタート時に語るのは、そうした「会社のために働いてほしい」という目標なのではないでしょうか。

もちろん、日本の大企業の間でも、パーパス（企業の社会的な存在意義）を社員間で語り合い、同じ社会的貢献目標に向かっていこうという組織運営を行う会社も増えてきました。しかし、まだまだ「会社のために」という意識が抜けきらない体質の企業が多いというのが、実態ではないでしょうか。

ちなみに、私が立命館大学大学院経営管理研究科（立命館大学ビジネススクール）で教えている科目の一つが、「経営思想」です。「企業の存在意義とは何か」を考える講義です。そこで教えているのは、以下のようなことです。


利益を追求し、株主のために企業価値を最大化することが、企業の目指すべき目的であるという市場原理主義的な考え方が優勢な時代もありました。しかし、市場経済は不完全なものです。自由競争を追求（自利）し、効率的な経済成長を目指した結果として、独占により消費者、社会が搾取されたり、自然破壊や環境破壊が引き起こされたりする。また、売り手と買い手の情報に差があり、市場が壊れたりする。こういう市場の失敗を補完するためにも、社会、顧客、社員、取引先などに対する利他的な目配りをし

た経営と、稼ぐという自利追求の両立は必須である。※1

マネジャーの皆さんもまた、メンバーとこのような考え方を共有し、皆で掲げる目標に共感し、より一体感を強めて仕事に立ち向かうべきだと思います。

◆「社会貢献」という言葉は広すぎる

私は、いまみたいに社会貢献がブームのようになる前から、上記を達成するために「三つの目標」をチームで共有することが重要だと思い、実践してきました。

三つの目標の最初は**「社会への貢献」**です。

しかし、経営を預かる立場にないマネジャーやメンバーの立場で社会への貢献と言われても、すぐには出てこないかもしれません。

これは、自利と利他のうちの「他への貢献」として考えれば良いと思います。

仕事というのはそもそも、誰かへの貢献です。その貢献が評価されるから、お金をもらえます。そこで、まずは自分たちの提供するものが、顧客の何に貢献しているのかを考えてみることです。

「このサービス提供を通じて、顧客の労働時間短縮に貢献したい」などの「顧客貢献」です。これはもう、十分に「社会への貢献」です。間接部門でも、自分たちの仕事が誰かの役に立っているはずです。目に見える誰かに貢献するというように考えれば良いと思います。

まずは「リーダーだけ」が宣言をする

社会への貢献を唱えたら、続いて第二の目標として、そうした貢献をする主体である**「自分たちのチームの目標」**を宣言します。すると、「新規顧客獲得数を2倍に」「売上120％UP」といったありがちな目標も、「社会貢献、あるいは、顧客貢献のために必要なこと」に変わっていくのです。

さらに、最後の第三の目標として、マネジャーやチームメンバー自身の**「個人の目標」**を宣言しましょう。「私自身は、この仕事を通じて、×××を達成したい／○○○ができるようになりたい」と。つまり、「社会（他）」「チーム（自）」「自分（自）」の三つの段階で、目標を宣言するわけです。

ただし私は、メンバーに宣言を強いることはしません。マネジャーが宣言すれば必要条件は満たすことになると思います。マネジャーの宣言を聞いただけで、メンバーは自分の頭の中で、自然と自分の目標を考えてくれるようになるからです。むしろ、最初から宣言を無理強いするのは愚の骨頂だと思います。

ただ、チームの雰囲気が良くなっていくと、メンバーが自主的に自分の目標を宣言するようになってくるものです。そういう空気を作っていくのがマネジャーの仕事でもあります。

こうした「宣言」により、チームの心は徐々に一体になっていきます。私もそんな瞬間を何度も実感しました。

3

メンバーの「プライド警備員」

――定年延長時代のコアスキル

◆あなたは「メンバーの悪口」を言っていませんか？

「チームメンバーを好きになろう」という気持ちを妨げるのが、自分の「プライド」です。「負けたくない」「偉いと思われたい」「バカにされたくない」というプライドが悪い方向に働くと、メンバーを人前で叱責して留飲を下げたり、会うたびに嫌味を言ったりという行動がついつい、出てきてしまうものです。

本来、リーダーとしてマネジャーが守るのは自分のプライドではなく、メンバーのプライドです。そうです、**「自分はメンバーのプライドの警備員なんだ」というくらいの思いを持ってメンバーに接する**ことが重要です。

メンバーを人前で叱ったり、弱みや失敗を責めたりするのは絶対にNGです。伝えたいことがあるなら、誰もいない時に、別室などで改めて伝えるべきです。嫌味は絶対に言わない、メンバー同士を比較するような発言をしない、なども重要です。

メンバーのプライドをどうしたら守ることができるのかを常に考えることも、マネジャーの仕事だと思ったほうが良いでしょう。彼らが顧客に責められていたら、自分事ととらえて即座にそのフォローをすべきですし、メンバーの悪口を誰かが言っているのを耳にしたらそれとなく注意すべきです。一緒になって悪口を言うようなマネジャーは論外です。

◆マネジャーだけでなく、メンバーにもプライドがある

なぜ、メンバーのプライドをそんなに大事にするのか。それは、私自身の過去の体験

がベースにあります。

私もいろいろな上司の下で仕事をしましたが、いまでもそのアドバイスを鮮明に覚えており、その指導に感謝している上司が何人かいます。そういう上司の共通点は、私のプライドに最大限配慮してくれていたことです。人前で叱ったり、弱点を指摘したり、悪口を言ったり、嫌らしいからかいの言葉を発したりは一切しない、そんな上司たちでした。

私が最も影響を受けた上司は、私がダメな仕事をすると、途端に顔が怖くなったのですぐにわかりました。しかし、決して人前で私のダメな仕事ぶりを罵倒したり、私の弱点をこれ見よがしに口にすることはありませんでした。その代わり、ミーティング後に個室でみっちりしぼられました。

プライドに配慮してくれるマネジャーの下では、しぼられている時に「自分のプライドを守ろう」などと余計なことに頭を使わなくてすみます。だから、素直に反省し、改善策を考えられるのです。自分がいかに甘かったかに気づき、部屋を出た瞬間に走って自分の席に戻り、猛烈に仕事を始めたこともありました。

一方、人前で平気で罵倒するような上司もいました。いま思えば、彼らが言っていたことも、実は示唆に富むものだったとは思います。ただ、その言葉は、なんとか思い出そうとすれば思い出せるかもしれませんが、ほとんど頭に残っていないのです。罵倒されたことしか覚えていません。

自分に絶対の自信がある人など、ほんの一握りだと思います。私自身もそうですが、ほとんどの人がその弱さを隠すため、大なり小なり強がって、必死にプライドを守って生きていこうとしている。そのことをマネジャーは忘れないようにしたいものです。

◇「互いを褒め合いましょう」という組織はむしろ危険!?

人前では、チームメンバーを褒めることに神経を使いましょう。

本気で思っていない口先だけの褒め言葉はすぐにバレます。言葉を尽くしておだてれば、その時はいい気分になってくれるかもしれませんが、今度はそれを聞いた周りの人が白けてしまいます。「どうせ、おだてたいだけだろう。魂胆が見え見えだ」と思われるのが関の山です。

私の経験からは、「褒める」というキャッチフレーズが行きわたっているような会社のほうが、かえって心配です。本音にかかわらず、腹を探り合うような変な文化になってしまうのではと思うこともあります。

前述したように、「強みや良いところを褒めてから弱みを指摘する」のもＮＧです。これを繰り返していると、メンバーのほうは、褒めた瞬間に「あ、いまから悪口を言われるんだな」と身構えてしまいます。実際、私もそうでした。

人前で褒めるというのは、意外と難しいものなのです。

◇「貢献実感」こそが、人のやる気を最大限引き出す

では、どうすれば良いのでしょうか。まずは相手の良いところをしっかりと探す努力をすることが大事です。その際、その人の中で相対的によくできることを探すことです。前に紹介した「相対的強み」（Ｐ208）です。

そして、メンバーが自信を持っている分野の話をよく聞きます。面白い発見があるはずです。その上で、

「なるほど、私一人だったら、こんな考え方はできなかった」

「その考えは面白いね。とても参考になるよ」

と、本音で伝えてあげればいいのです。

要するに、活躍できる分野（相対的強み）をいつでも探すようにして、そういう分野で仕事をしてもらい、発言してもらい、仕事にも貢献してもらい、自信も深めてもらう。その上で、素直にその貢献を認めるために褒めるということです。

人は、自分が誰かに貢献できているかをとても気にするものです。そして、貢献しているという実感が得られると、やる気を出してくれるものです。そのことを感謝や賞賛の言葉で伝えましょう。

あくまでマネジャーである自分の思いで十分です。もちろん、それは本音である必要があります。だからこそ、相手は貢献実感が得られるのです。

◆マネジャーの真価は「年上のマネジメント」で決まる

チームメンバーのプライドを守るということは、「年上のメンバー」のマネジメントをしなければならない時には、さらに重要になります。

場合によっては、かつての上司が自分の下の立場になることもあります。私の長年いた外資系の業界では、年齢、性別、国籍などで人を区別することは差別につながりますので、年齢差を意識する必要はほとんどなかったのですが、日本の企業の場合は、新人一括採用で、同期が一つの単位になり、かつ、最近まではかなり年功序列が貫かれていたところも多いと思います。

本来、マネジャーやリーダーというのは、皆をマネージする、あるいは、リードするという役割を与えられたというだけのことで、すべての仕事能力においてマネジャーがメンバーより優れているわけではないですし、そうである必要もありません。

ところが、年功序列型で、長幼の序の文化を抱える日本の企業の環境では、そうはいきません。ポジションの高さは、能力の高さであり、組織内でのパワーであると捉えられます。上司は「偉い」人だと認識されるわけです。

そこで、**年齢上の逆転が起きるということは、下の立場に立たされた人にとっては大いにプライドが傷つくわけです。**

本来、マネジャーの能力以上に高い専門能力を持っている人ならば、その能力を生かしてもらうほうが、当人にも、会社にもプラスであるはずです。しかし、プライドが傷つき、前向きに働けない。そんな人が日本にはたくさんいるのではないでしょうか。大変、もったいないことです。

今後、定年の実質延長が行われます。その意味でも、専門能力に長け、経験も積んだポテンシャルの高い年上のメンバーを使いこなし、そのフルポテンシャルを発揮してもらう必要は、以前にも増して高まっています。

◇年上のメンバーのプライドは「3段階で守る」

私が意識しているのは、三つのポイントです。

最初は、日本文化の**「長幼の序という社会的ルールを尊重する」**ことです。仕事の場でも、プライベートなつき合いの場でも、年長者としての敬意を払うことは当然です。部屋に入る時、席に着く時、エレベーターに乗る時など、当たり前の常識的なレベルでの年長者を尊重する姿勢は貫徹させます。

その上で、二つ目は、その年上のメンバーの得意分野を見つけて、その得意分野で活躍してもらうよう仕事の割り振りを考えること。その分野の**「プロとしてのプライド」**を持って仕事をしてもらい、成果を出してもらいます。そして、そのことへの期待をはっきり伝えます。

三つ目は、**「後進の育成」**に携わってもらうことです。

私も大学教授として後進の育成がいまの仕事ですが、学生から「先生」と呼んでもらえた時の喜びはひとしおで、それが、自分のプライドをさらに促進させ、後進に恩返ししなければいけないという気持ちが強くなると実感しています。育成に携わると、モチベーションは非常に高くなります。

ただでさえ傷ついているプライドを傷つけず（長幼の序の尊重）、プライドを取り戻してもらい（プロとしてのプライド）、その上で新たなプライドを獲得してもらう（後進の育成）。この3段階が重要なのです。

4

勲章はメンバーに

——手柄を奪うリーダーが一番嫌われる

◆仕事がうまくいった時の態度こそが、大事

仕事がうまくいった時、マネジャーであるあなたが「勲章」をもらえることがしばしばあると思います。顧客から褒められる。会社から評価される。華々しい成功がマスコミに取り上げられる、などということもあります。

確かにそれは、頑張ったマネジャーに対する勲章なのかもしれません。マネジャーとしてチームメンバーの能力を120％、150％まで引き出したことにより、達成できたことかもしれません。

それでも、勲章はメンバーにあげましょう。顧客から褒められたら「これはメンバーがやったことですので、ぜひ褒めてあげてください」と伝える。会社からの表彰はメンバーに受け取ってもらうようにする。マスコミからの取材も、現場を一番知るメンバーに対応してもらう。

私の「仕組み」仕事術では、仕事というボールは常にメンバーの手元にあります。そのボールを持っている任された人こそが褒められ、評価されるべきなのです。

◇「メンバーの手柄を奪う」ことの後味の悪さ

正直に告白すれば、私もメンバーの業績を、さも自分の手柄のように吹聴してしまったことが何度もあります。しかし、すぐに後味の悪さに後悔することになりました。この感覚は結構キツく、すぐに「手柄をメンバーに渡せばよかった」と思ったものです。

さらに、手柄を横取りしたことが誰かにバレるのではないかと不安になりもしました。そして実際に、「お天道様は、見ている」ではないですが、**メンバーの手柄を横**

取りしたことは、本当にすぐにバレてしまうものです。

こうなるとメンバーは仕事が馬鹿らしくなり、やる気を失ってしまいます。結局、損をするのは自分です。

もう時効でしょうが、私も、自分が頑張って作り上げた仕事を丸ごと、ある上司に取られたことがあります。その瞬間にやる気を失って、その組織に対する忠誠心も信頼もぶっ飛んでしまったという怒りの記憶があります。やはり「勲章はメンバーに」と考えることが重要なのです。

一方、マネジャーたるもの、失敗はすべて自分の責任だと思うべきです。「任せて任せず」がマネジャーの基本的な姿勢ですが、ここでは「任せず」というリスク管理に失敗したわけです。つまり、「褒められた時は、メンバーのおかげ」「叱られたら、自分の責任」と思って行動すれば良いのです。

もちろん、失敗をすべてしょい込むことで一時的にプライドが大いに傷つくかもしれません。しかし、その代わりに非常にすがすがしいマインドと、メンバーの信頼という素晴らしい成果を手に入れることができます。

5 グレーゾーンこそ伝える
——説明責任を忘れるな

◇「悪い人」にメンバーがついてくるわけがない

チームメンバーはいつでもあなたを見ています。嘘を言っていないか、何かを隠蔽していないか、おもねっていないか、騙そうとしていないか、不正行為をしようとしていないか……ちょっとでもそんな匂いを感じれば、マネジャーに対する信頼をすぐに捨ててしまうものです。

テレビドラマでよく見かけるような、出世競争に勝つために手段を選ばないマネジャーについていくメンバーはいません。

それは当然です。誰だって自分がついていくべき人のことは尊敬したいものです。そして顧客、世の中に貢献しながら、自分もいろいろ学びたいものだからです。

いくら仕事ができるマネジャーでも、嘘はつく、隠す、ルールは守らない……といった「悪い人」だということがわかったら、面従腹背《めんじゅうふくはい》というところでしょう。

私自身、「このリーダーは駄目だ。腹黒い」と思った瞬間に、人間として、いままで感じていた敬愛や尊敬の気持ちが一瞬で吹き飛んだことがあります。

もちろん私の勝手な誤解かも知れませんが、不思議なもので、一度そう考えてしまうと、仕事面でもバイアスをかけて見るようになります。その人の仕事の成果は色あせて見え、何を言われても響かない。そのリーダーが後に偉くなっても、どうしても従うことができませんでした。ただ、反面教師としては役に立ちましたが。

◇「限りなく白に近いグレー」

とはいえ、誰もが聖人君子になれるわけがありません。完全無欠の人格者になることができれば、誰も苦労はしません。

プライベートはもちろん、仕事において「黒」と疑われるような行動は絶対に避けるべきです。しかし、現実のビジネスの世界は、すべてが白黒つくとは限りません。むしろ、現実は「グレー」なことに満ちているものです。

私自身も、そういう状況に何度も追い込まれてきました。その時に決めていたのは、**「白に近いグレーを選び、その理由を必ずチームメンバーに説明する」**というものです。

いつもは「顧客満足が第一」だと言っているのに、資金繰りが厳しく、どうしても値上げをせざるを得ない。あるいは「残業はさせない」と言っていたのに、どうしても今月は忙しくて残業を許容してもらうほかない。まさに「グレー」な場面です。

こうした選択をする際、多くのマネジャーは後ろ暗さからか、その理由を説明するのではなく、命令します。あるいは、「説明しなくてもわかってくれるだろう」と勝手に思い込んで説明をしません。しかし、むしろそういう**グレーな判断に至った背景、理由こそ、メンバー全員の前でしっかり丁寧に説明すべき**なのです。

彼らはこうした「グレーな判断」に敏感です。グレーとはいえ、黒からは遠く離れた極めて白に近い判断にもかかわらず、メンバーへの説明が不十分だったがために誤解を受け、陰口を叩かれ、いつの間にかマネジャーが大悪人に仕立て上げられていることもあります。私も、何度もそういう嫌な経験をしましたが、それはそもそも、私のミスなのです。

ピラミッド型組織なら、「黙って私に従え」と言うだけで良かったかもしれませんが、いまはそのような時代ではありません。しかも、社会貢献を重視する若手は、このようなマネジャーの態度に完全に白けてしまいます。

なぜ、グレーな判断をしたのか。どうして、その選択が許されると思ったのか、丁寧に説明しましょう。

◇メンバーは、あなたのことを思った以上に見ている

丁寧に説明しても、納得してもらえないかもしれません。第一、完全な納得というのはあり得ないものだと思っています。納得というのは、どれだけ汗をかいてすり合わせをしてくれたかという、その過程での誠意を認めて、受け入れてもらうということだと

思っています。

「確かに値上げは極力避けるべきだが、もし、ここで資金繰りが行き詰まってしまったら、事業が存続できなくなり、結局、相手の会社にも迷惑をかけることになる。その分、サービスを徹底することで顧客にいずれ恩返しをする。だから、今回はこの方針でいきたい。それをしっかり顧客に、誠意をもって説明し、納得は無理でも、許してもらいたい」

このように、しっかりと説明をすれば、限りなく白に持っていった結果のグレーだということは、意外と簡単にわかってもらえるものです。**メンバーだって、仕事のためには時にグレーな選択も必要だと、ちゃんとわかっているの**です。それを説明しないのは、マネジャーの「怠慢」に過ぎません。

「メンバーは、あなたが思っている以上にあなたのことを見ている」……そう肝に銘じ、まっすぐな道を走る。それが重要なのです。

6

「ヒマ」を楽しむ
——自分にしかできない、そして一緒に成長できる仕事を探す

◆ヒマになったらなったで、不安になる……？

チームがうまく回るようになると、マネジャーが使える時間は徐々に増えていきます。前章で紹介した「自ら進んで領土割譲」（P222）を進めると、それはさらに加速します。

自分が何もやらないほうが、チームメンバーは育つ。だから自分は手を動かさないほうがいい。理屈ではわかっていても、ヒマとは怖いものです。仕事に追われていた頃は

あんなに時間をほしがっていたのに、ヒマになった瞬間、むしろ不安になってしまうのです。

その一番の要因は、**もうこの組織に「自分は必要ない」という思いに耐えられないから**でしょう。自分がヒマでも仕事が回るということは、自分が不要だということと同義です。いままで最前線で必死に働いてきたマネジャーほど、耐えられないものかもしれません。

私もそうでした。周りにはさっさと帰ってしまうマネジャーもいましたが、私はメンバーに任せることができるようになり、ヒマが作れるようになっても、どうも自分に自信が持てず、必要ない人と思われるのが怖くて、いつまでもダラダラと会社に残ってしまいがちでした。

早く家に帰ったら帰ったで、どうも落ち着きません。友人から「打ち込める趣味を持て」と言われ、いろいろ始めてみたものの、気もそぞろでどうしても集中できませんでした。

◇マネジャーにしかできない仕事の代表とは？

そんな自分を変えられたのは、**「空いた時間で、メンバーにはできないことをしよう」**と決意してからでした。

まず行ったのは、いまの顧客のもっと上のポジションの人と会食をしまくることでした。そうして、次の仕事の営業の種を蒔くのです。

それだけでなく、外部のネットワーク作りにも注力するようになりました。

コンサルティングの仕事で大型のプロジェクトを受注するためには、日頃から新規開拓対象の大企業の経営トップ層とのネットワークを築くことが大事でした。また、仕事に役立つかどうかではなく、自分が面白いと思う人と、昼夜を問わず積極的に会うようにしました。

ふと気がつくと、結構な数の人とのネットワークができ上がっていました。

そして、まったくビジネス上のつながりがない人から、いま手がけている仕事についての面白い見方を教えてもらったりもしました。自分ではまるで仮説が思い浮かばないような時に、そういう人たちに電話しまくったことで、いつの間にか仮説ができてしまうこともありました。そうしたネットワークの中から、新しい顧客もどんどん生まれていきました。

そして何より、そうした人たちとつき合ったり一緒に飲んだりするのは、とても楽しいことでした。

すると、そんな私をメンバーも当てにするようになってきたのです。「山本さん、××業界の人と話をしたいんですが。ヒアリングできますかね？」などと。

そう、まさにこうしたネットワーク作りは、「メンバーにはできない仕事」だったのです。

◇メンバーと一緒に寄稿するようになった理由

それと並行して、「勉強」を始めました。自分の担当する業界の将来展望や今後の経営の方向性、私の所属するコンサルティング業界の方向性や将来性、新事業分野の可能性など、勉強する分野は多岐にわたりました。また、専門分野に関係のない読書に熱中することもありました。

そうして私がたどり着いた結論、それは**「自分が成長を続けることが、メンバーの成長にもつながる」**というものです。

自分の成長に資することならなんでもやろうとした結果、私はどんどん成長していくという手ごたえを感じました。

たとえば、自分の経営観を文章にまとめて、業界誌に発表する活動を意識的に増やしたのですが、これが私に書くスキルを身につけさせてくれました。

起承転結の文章を書く技術を編集者さんから徹底的に鍛えられ、まえがきの意味、あとがきの目的まで、手取り足取り教えてもらったのですが、これはメンバーがレポートや論文を書く際の指導に生かされました。

さらに、メンバーと連名で記事を発表する機会も意識的に増やしていきました。すると、彼らが成長するのはもちろん、私もまた自分の仕事を斜めから見ることで、新しい視点を手に入れることができました。

こうして徐々に、メンバーと一緒に学ぶという姿勢が生まれてきました。彼らと定期的に合宿して勉強会をしたり、講演会、寄稿、出版などを一緒に行うようにもなっていきました。

こうして一緒に学んだり、活動を手伝ってくれるメンバーたちのやる気がみなぎってくるのが、手に取るようにわかりました。また、能力的にも一段上にシフトするのを感じました。

「これだ！」と思いました。これこそが、私が求めていたチームの姿なのだと。自分が成長することで、メンバーも成長する。だから、自分も成長し続ける。「永続的自己成長」のマインドが芽生えたのです。

◇ヒマになっても、絶対に手を動かすな！

ヒマだからと、どうしても自分の手を動かしたくなる気持ちはとてもよくわかります。でも、それをぐっとこらえて、「自分の成長がメンバーの成長を促す」と思えるかどうかです。

そしてヒマな時間に、メンバーにはできないことをしてください。勉強をして成長してください。

忙しい↓時間がない↓勉強できない↓自分が成長しない↓そんな自分をメンバーが尊敬してくれない↓メンバーを120％活用するマネジャーになれない↓そして、さらに忙しくなる。まさに悪循環です。

それを、いますぐ断ち切ってほしいのです。時間を捻出して誰かに会いにいく。1ページでも、1分でもいいから本を読む。忙しいからと言い訳をしていたら、いつまでたっても時間など生まれません。

せっかく**メンバーにもらったヒマな時間を最大限に生かすのは、マネジャーの責務**です。

「いま、何を勉強しているか？」「この1年で何を学んだか？」を反芻《はんすう》しつつ、勉強を続けてください。

それによって、自分はさらに成長します。自分が成長する↓メンバーの尊敬を得る↓チームの成果が上がる↓ヒマが生まれる↓さらに勉強できる↓さらに成長できる。好循環が始まるのです。

いまでも私は、時間が余る方法を毎日模索しています。学ぶことで自分が成長できそうな面白いことが、世の中にはたくさんあるからです。

7

「笑顔の仮面」作戦

——結局、明るい人にメンバーはついてくる

◇暗いマネジャーと接するのは苦痛

マネジャーには、明るいマインドが必要。それを再度、指摘しておきたいと思います。

大昔に仕えたある上司は、暗いというより陰湿ささえ感じる人物でした。私は彼の顔を見るのがイヤでイヤで、同じ部屋にいるのが我慢ならず、彼が視界に入らないように自分の部署の部屋から抜け出して、しょっちゅう社内をほっつき歩いていたくらいです。

本人にそのような意図はなくても、こうした上司と話をしていると急に空気が重くなり、何か嫌なことをされるような感覚を覚えます。そして、自分が見下されているような、軽んじられているような、彼の駒として支配されているような意識になるのです。

私は本書で高頻度短時間の「ムカデ型ミーティング」を提唱しました。しかし、誰が会うたびに暗い気持ちになるようなマネジャーとミーティングしたいと思うでしょうか。

偽りの明るさでも十分

とはいえ、私自身、生来は奥手で引っ込み思案で、どちらかというと暗い人です。銀行の新入社員として配属された支店の支店長から、「今年の新入社員は、活気がある。ただし、山本は駄目だ。あいつは暗い」と皆の前で言われたことすらありました。

しかし、性格は変えられません。そこで、「行動」を変えるようにしたのです。ちょうど、留学から戻ってきたあたりのことです。おそらく、暗く寂しい留学時代の反動からだったのでしょう。

会社の玄関に入る前は暗い顔をしていても、入った瞬間に明るい表情をするようにしました。毎朝「明るく、楽しく過ごすぞ！」と自分に言い聞かせました。なるべく意識して笑うようにしました。

転職して、外資系のコンサルティング会社に入り、自分の実力がまったく不十分だと気づかされてからは、もう逃げ場はありません。さらに能天気に振る舞うようになりました。

面白いもので、いくら**偽りの明るさではあっても、自分が明るく振る舞うと周りの仲間も明るくなる**のです。そして、その他人の明るい顔を見ているとこちらも嬉しくなる。だんだん、気の合う仲間といる時は、本当に明るい人になれてきたのです。

いまの私しか知らない人の中には、私が明るく、よくしゃべる人だと思っている人も多いと思います。しかし、昔に比べたら減ってはきたものの、いまでも一人になれば、暗く、ものも言わずに黙々と自分の殻に閉じこもり、うじうじ悩むことも多いのが現実です。

それで良いと思います。少し不自然でもいい。わざとらしくてもいい。明るくメンバーと接すれば、メンバーも明るくなるものです。そして、その成果はダイレクトに自分に返ってきて、自分もまた明るくなれる。そして、確実に彼らのことも好きになれるはずです。そう、やはり「行動がマインドを変える」のです。

そもそも、自分が一番時間を使っている仕事で楽しめなかったら、人生はつまらないものになってしまいます。仕事は楽しいものではなく、楽しむもの。そう割り切ってしまえば、本当に仕事が楽しくなってくるのです。

8

ゆっくり歩く

——マインドを整えるのも、マネジャーの仕事

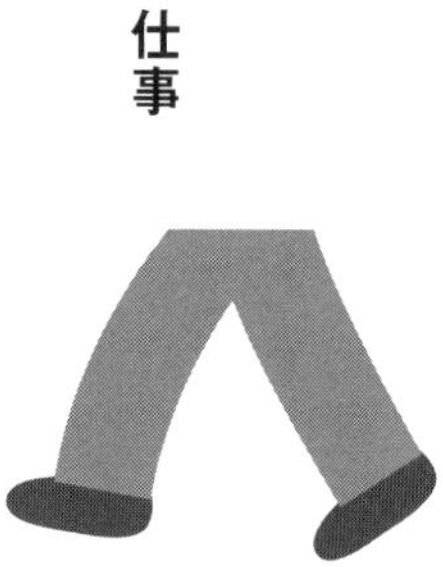

◆異常な緊張状態で、布団に入っても眠れない日々

いよいよ、私が紹介する「仕組み」も最後になりました。ここで、どうしても書いておきたいことがあります。

本書は、「頑張る」ことを否定する本です。頑張らなくても仕事が進む仕組みを作り上げ、頑張らなくてもチームメンバーが成長する仕組みを作り上げる。

しかし、その仕組みを作るまでには、それなりに頑張ることが必要なこともありま

す。そんな中、疲れ切ってしまうこともあるでしょう。

私自身、何度もそんな状況に陥りました。留学時には異常な緊張感から体調を崩し、その後数年にわたって苦しむことになりました。マネジャーとして無理な仕事を続けていた時も、心身ともに疲れ果ててしまいました。

身体の疲れはまだいいのですが、問題は心の疲れです。心は、寝ているだけでは休まりません。静かに布団の中に入っていても、不安に押しつぶされそうになって、動悸がやたらと激しくなってくる。そして眠れない。

2009年に独立してからは、不安と孤独にさいなまれ、急に気分が落ち込むことを何度も経験しました。

身体が疲れているのに、寝つけない。どこか、心にわだかまりの塊が蠢《うごめ》いているのを感じるのです。胸の中にザワザワ感が常にあるのです。

◇マネジャーには「心を弛緩させる時間」が必須

そんな時にぜひ、実践してみていただきたいことがあります。それは、「ゆっくり歩く」こと。比喩的な意味ではなく、**文字通り歩くスピードをいつもより徹底的に減速して、ブラブラ歩く**のです。これが、意外なほどに効きます。

肩から力が抜ける。目の前の情景をゆっくり見る。自分の生きるペースが調整されるような感覚にとらわれる。次第に、ゆったりした気持ちになる自分を感じる。

組織にいる頃は、出張先でこういう時間を作っていました。海外出張の前後に休みを入れて、とにかく、目的もなく出張先の外国の街をブラブラする。観光名所にも行かずに、ホテルの近所や、公園でボーッとする。そんなことをしていました。

いまでも、30分でも余分な時間があれば、ゆっくり歩くようにしています。

もちろん、誰にとってもこのやり方がベストとは限りません。大事なのは、自分を完全に弛緩させる術を探し、完全に自分の心を休ませる、ということです。

マインドを変えるには、行動が大事。案ずるより生むがやすし、まずは動け。それは、確かに真実です。

しかし一方で、行動して疲れたら、弛緩する時間を持つべきです。行動の時間と休息の時間は半々くらいでも良いように思います。

休むのは、実は結構難しいことです。自分なりの休み方を開発し、それを「仕組み化」する。

それで、本書の「頑張らない仕組み」は完成です。

※1　参考：「混迷の時代、経営思想の確立を」（山本真司、「私見卓見」日本経済新聞、2022/5/31）

おわりに

本書を手に取り、お読みいただきどうもありがとうございました。

私は経営戦略コンサルティングが専門であり、立命館大学大学院経営管理研究科（ビジネススクール）では、実務家教員の専任教授として、経営戦略に関わる分野を教えています。

本書の内容は、経営学の中では組織開発論の分野であり、必ずしも、私の専門分野ではありません。あくまで、私の実務の経験から説き起こしたものです。

そもそも、本書は2011年4月に、PHPビジネス新書から出版した『35歳からの「脱・頑張り」仕事術』をベースに改訂したものです。この本は当初、企画、コンサルティング、新規事業開発などに携わる方々を対象に書き下ろしたものでしたが、その後、あらゆる職種のマネジャーの方々に読み継がれてきました。

私自身、講義、講演、研修のテキストとして、この本を用いてきましたが、そのような経験の中で、我が国のマネジメントの成功要件が大きく変化してきたことを実感しました。それを反映したのが本書です。ぜひ、この変化に勝ちぬけるマネジャーになるためのお役に立てていただければと思います。

20年にわたる外資系コンサルティング会社勤務の後、独立してから10年以上が経ちました。この間、意識してY世代、Z世代との付き合いをしてきました。まだシード（種）のステージの若手のスタートアップへの投資や支援もしています。立命館大学ビジネススクールでも、大学卒業後に入学してくるストレートマスターの若い学生とたくさん接点を持っています。

そんな中で、彼らの社会貢献意識や自己成長への切望、チーム意識、ウェルビーイング意識などに身近に接することになり、すっかりY世代、Z世代のファンになってしまいました。この世代に日本の未来を託したい気持ちにもなってきました。私の役割は、そういう若手を支援し、いろいろな経験を伝承することだと思うようになってきました。

それと同時に、彼らと一緒に働くX世代のマネジャーに、こうした若者の潜在能力を引き出すための私の経験を再度、伝えるべきだと思いました。それが、本書を出版することにした大きな動機です。

この本を通じて、若手の成長を加速させ、顧客、社会を大きく良い方向に持っていけるマネジャーが一人でも増えることを、切に願っています。

私のようなベテランの役割は、若手に主役を譲り、後ろから支援することだと思っています。私も、諸先輩方からの指導があったからこそ、なんとか、仕事で充実した日々を送ってこられました。

特に、文中でも紹介した島田隆様（元ＢＣＧパートナー、元A．T．カーニーパートナー、元日本メドトロニック株式会社社長）には、コンサルティング会社に転職してから20年以上にわたり、継続的に指導していただきました。感謝の言葉もありません。

それ以外にも数多くの先輩に指導を受けてきました。今度は私が、次の世代の役に立つ番だと思っています。

なお、本書の見解は、私の個人的な見解であり、所属組織とはなんら関係のないことは申し述べておきます。

また、本書の出版目的は、若手の応援であり、若手に接するマネジャー層の応援です。従って、本書の印税から、応援している若手の営むＮＰＯなどに寄付をしたいと思います。

日頃から彼らと接していて、私以上の志の高さ、実行力に感銘を受けています。こうした若者から日本が変わることを祈念しております。

本書の「仕組み」

これらの仕組みを組み合わせることで、ぜひ、自分だけの「チームを動かすすごい仕組み」を作り上げてください。

まずはとにかく
「仮説思考」

絵を描く

期間限定
「一兵卒」

ブレインジャック
創造思考

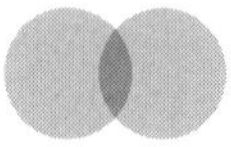
「ベン図法」
対話術

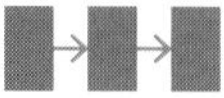
ムカデ型
ミーティング

「壁塗り」の
原則

「島田タイム」

「その場」主義

カミングアウト
人心掌握術

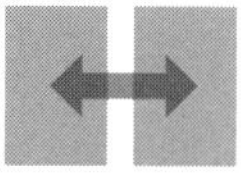
脱・情報独占

わからないふり
ミーティング

「評価棚上げ」
宣言

五階級特進
作戦

「無理です」
「できない」は
美味しい言葉

「小学生でも
わかる」日本語

二重人格の
ススメ

「80点は取れる」
宣言

「マネジャーは
ER」宣言

「トラブル処理、
謝罪」こそ全力で

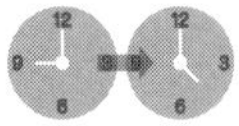

9 to 5
時間管理

「相対的」強み
発見法

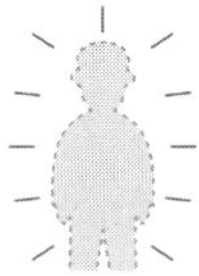

ドタキャン作戦

「実録
仁義なき戦い」

自ら進んで
領土割譲

ネアカ評価

「自分史」
語らせ作戦

「三つの目標」
宣言

メンバーの
「プライド警備員」

勲章は
メンバーに

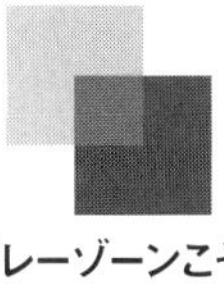

グレーゾーンこそ
伝える

「ヒマ」を楽しむ

「笑顔の仮面」
作戦

ゆっくり歩く

〈著者略歴〉

山本真司（やまもと　しんじ）

立命館大学ビジネススクール教授。山本真司事務所代表取締役。
1958年、東京生まれ。慶應義塾大学経済学部卒業後、東京銀行入行。シカゴ大学経営大学院（現シカゴ大学ブース・スクール・オブ・ビジネス）にて修士号（MBA with honors、全米成績優秀者協会会員）取得。1990年、ボストン・コンサルティング・グループ東京事務所入社。その後、A. T. カーニーマネージング・ディレクター極東アジア共同代表、戦略グループアジア太平洋代表、ベイン・アンド・カンパニー東京事務所代表パートナーなどを歴任。2005年、英国ユーロマネー誌より、世界のトップ金融コンサルタントに、日本人として唯一選出される。2009年に独立。早稲田大学大学院客員教授等を経て、現在、立命館大学大学院経営管理研究科（ビジネススクール）教授、慶應義塾大学大学院非常勤講師として、教育の分野でも活動中。大手企業、経営者団体などに対する講演会多数。
著書に、『40歳からの仕事術』（新潮新書）、『実力派たちの成長戦略』（PHP研究所）、『20代 仕事筋の鍛え方』（ダイヤモンド社）、訳書に『エンゲージド・リーダー』（英治出版、共訳）など多数。

装丁：山之口正和（OKIKATA）
編集協力：スタジオ・チャックモール

忙しすぎるリーダーの9割が知らない
チームを動かす　すごい仕組み

2023年3月27日　第1版第1刷発行

著　者　山本真司
発行者　永田貴之
発行所　株式会社PHP研究所

東京本部　〒135-8137　江東区豊洲5-6-52
ビジネス・教養出版部　☎03-3520-9619（編集）
普及部　☎03-3520-9630（販売）
京都本部　〒601-8411　京都市南区西九条北ノ内町11
PHP INTERFACE　https://www.php.co.jp/

組　版　朝日メディアインターナショナル株式会社
印刷所　株式会社光邦
製本所　東京美術紙工協業組合

ISBN978-4-569-85459-5